U0647668

启真馆 出品

行为经济学研究方法与实例

叶航　卢新波　主编

郑昊力 / 著

信任的本质：

基于行为与神经实验的研究

ZHEJIANG UNIVERSITY PRESS
浙江大学出版社
·杭州·

图书在版编目（CIP）数据

信任的本质：基于行为与神经实验的研究 / 郑昊力著. — 杭州：浙江大学出版社，2022.8

（行为经济学研究方法与实例）

ISBN 978-7-308-22147-4

Ⅰ.①信… Ⅱ.①郑… Ⅲ.①行为经济学—研究 Ⅳ.①F069.9

中国版本图书馆CIP数据核字（2021）第263209号

信任的本质：基于行为与神经实验的研究

郑昊力 著

责任编辑 叶　敏

责任校对 李　琰

装帧设计 罗　洪

出版发行 浙江大学出版社

（杭州天目山路148号　邮政编码310007）

（网址：http://www.zjupress.com）

排　　版 北京辰轩文化传媒有限公司

印　　刷 河北华商印刷有限公司

开　　本 635mm × 965mm　1/16

印　　张 10.5

字　　数 142千

版 印 次 2022年8月第1版　2022年8月第 1次印刷

书　　号 ISBN 978-7-308-22147-4

定　　价 59.00元

浙江大学出版社市场运营中心联系方式：（0571）88925591；http://zjdxcbs.tmall.com

总　序

叶　航

我们有幸正在目睹并亲历一场革命，库恩意义上的经济学“范式革命”。

托马斯·库恩（Thomas S. Kuhn，1922—1996）在《科学革命的结构》中将科学理论的发展归纳为“常规状态”（Normal Science）、“反常”（Anomaly）、“危机”（Crisis）与“革命”（Scientific Revolutions）四个阶段，而“范式转换”(Paradigm Change) 则是科学革命的关键标志。库恩所谓的“范式”（Paradigm）是指“某个科学共同体在一段时期内公认为是进一步实践的基础，它们包括定理、理论、应用和仪器在一起——为特定的连贯的科学研究的传统提供模型”。[①] 库恩阐释说，当科学理论处于“常规状态”时，某科学共同体内部成员已就解释该领域的现象达成一致共识和信念，除了在教科书中，他们无须为每一个基本概念进行辩护，从而可以把自己的注意力集中在那些相对细致、相对深奥的问题上；[②] 随着科学理论进一步发展，人们发现有些现象无论怎么努力都无法纳入原有范式，这时科学理论就进入所谓“反常”阶段；[③] 随着反常现象不断积累，当科学家们意识到如果没有大规模的范式破坏就无以改变这种处境时，科学理论就进入“危机”阶段；[④] 库恩把“危机”看作新理论出现的前提，因为“一个科学理论，一旦达到范式的地步，要宣布它无效，就必须有另一个合适的候选者取代它的地位才行”。对整个科学共同体来说，导致科学家拒斥先前已经接受的理论范式，总是同时伴随着是否准备接受另一个理论范式

① 托马斯·库恩：《科学革命的结构》（第四版），金吾伦、胡新和译，北京大学出版社，2012 年 11 月第 2 版，第 8 页。

② 托马斯·库恩：同上，第 16~20 页。

③ 托马斯·库恩：同上，第 44~55 页。

④ 托马斯·库恩：同上，第 56~65 页。

的决策，只有经历了“危机”的炼狱，科学理论才会为自己的重生迎来“革命”。[①]“革命”一词通常被用于政治领域，库恩认为，当它被用于科学领域时，二者存在着非常大的相似性：“政治革命通常是由于政治共同体中某些人逐渐感到现存制度已无法有效应付当时环境中的问题而引发的”，同样，“科学革命也起源于科学共同体中某一部分人逐渐感觉到他们无法利用现有范式有效地探究自然界的某一方面”，因此“在政治发展和科学发展中，那种能导致危机的机能失灵的感觉都是造成革命的先决条件”。[②]

整个20世纪前半叶，当代主流经济学在马歇尔新古典经济学的基础上取得一系列辉煌胜利。经济学逐步形成一个公理化的“理性经济人假设”体系，并以此基点为包括个人、企业、政府在内的经济主体建立起相对稳定的偏好排序，进而根据“显示偏好”理论推导出的效用函数计算每个经济主体的最优效用，从而为各种经济行为提供分析与决策的依据。这就是主流经济学建构的“理论范式”，其逻辑之严密、形式之精致堪与物理学媲美，被誉为“社会科学皇冠上的明珠”。但正如库恩指出的，人类思想史业已表明，任何科学理论在发展过程中都会被解释力更强、解释范围更广的理论体系所超越，它是人类认知水平不断深化的体现。过去一百年，这种超越在物理学中起码出现过三次，即相对论对经典力学的超越，量子力学对相对论的超越，以及目前仍在探索中的弦论对量子力学的超越。当然，这种超越不是一般意义上逻辑演绎过程的超越，它首先体现在对旧理论、旧范式的逻辑前提即它的基本假设的质疑和超越。

当代主流经济学的“研究范式”事实上是一个仿照自然科学的建构模式、建立在“理性经济人假设”公理体系基础上的逻辑演绎系统，它以全称命题的形式包含两个极强的预设：第一，人的行为是“理性”的；第二，人的行为是“自利”的。但20世纪60年代

① 托马斯·库恩：《科学革命的结构》(第四版)，金吾伦、胡新和译，北京大学出版社，2012年11月第2版，第67~68页。

② 托马斯·库恩：同上，第79页。

以后，随着行为经济学与实验经济学的崛起与发展，“理性经济人假设”面临着日益严峻的挑战。行为经济学家通过严格控制条件下可重复、可预测的行为实验发现了大量无法被主流经济学“研究范式”解释的“异象”(Anomalies)，也就是库恩所说的“反常”现象。这些“异象”主要包括：第一，人们的行为显著违背了“理性经济人假设”中一致性公理的要求，例如人们行为决策过程中存在着系统性的偏好逆转、损失厌恶、后悔厌恶、框架效应、禀赋效应、锚定效应、羊群效应、时间偏好不一致性，等等；第二，人们的行为显著违背了“理性经济人假设”中自利原则的要求，例如人们在囚徒困境和公共品博弈中的合作行为、最后通牒博弈中的拒绝行为、独裁者博弈中的给予行为、公地悲剧博弈中的自组织行为、信任博弈中的信任和可信任行为、礼物交换博弈中的馈赠和报答行为、第三方制裁博弈中的利他惩罚行为，等等。根据这些在可控制、可重复、可预测的行为实验中观察到的系统性偏差，行为经济学家认为，人的行为不仅具有“理性”和“自利”的一面，而且也包含着“非理性”和“非自利”的成分。在这个对人的行为描述更加全面的“理论范式”中，主流经济学的“理性经济人假设”只是一个特例。

面对行为经济学的挑战，主流经济学家在相当长的时间内表现得不屑一顾。他们的反驳主要基于两条理由：首先，那些通过行为实验发现的非理性、非自利行为只是一些“噪声”，或者是一些偶然发生的决策错误，在更大的样本观察中，它们会以“随机项”的形式互相抵消，从而不会改变“理性经济人假设”模型的基本判断。其次，从人的行为到心理状态至多是一种推测，并不构成对“理性经济人假设”的证伪；例如，当一个人不惜自己承担成本去惩罚团队中的搭便车者时，人们既可以把它归因为“利他惩罚”，也可以把它归因为嫉妒或报复；当一个人进行慈善捐赠时，人们既可以把它归因为某种“利他主义”行为，也可以把它归因为一种对“声誉效应”或“广告效应”的追求。因此，对行为做出的心理推测只是一种主观臆断，不能作为科学研究的依据。正如萨缪尔森当年曾经断言："效用或偏好作为一种主观心理状态是观察不到的，经济学家所能看到的只有人们的行为，因此经济学家只关注人的行为。"[①]

但随着科学技术的不断进步，萨缪尔森的担忧今天已不复存在。20世纪末和21世纪初，脑科学领域出现的一个重大突破就是无创的活体大脑观察技术，神经科学家现在已经可以深入包括人在内的生物大脑内部，观察和研究大脑在思维、认知和决策过程中所表现出来的基本状态和特征。神经经济学（Neuroeconomics）就是在这样的背景下诞生的，它为行为经济学家提供了一种全新的技术工具，可以用来回应主流经济学家的上述反驳。2004年，苏黎世大学行为经济学家恩斯特·费尔（Ernst Fehr）及其团队进行了一场著名的神经实验，揭示出利他惩罚是由人类大脑中自我奖赏系统所驱动的。这一研究表明，利他惩罚行为无须外部利益驱动，惩罚者可以从行为本身获得自我激励。这一研究成果以封面文章的形式发表于2004年8月的《科学》杂志。[②]2006年，美国认知神经科学家乔治·摩尔（Jorge Moll）带领团队对慈善捐赠做了深入研究，结果发现在完全匿名条件下进行捐赠的被试所激活的也是人类大脑中的自我奖赏系统，而在考虑声誉或广告效应条件下捐赠的被试所激活的则是负责理性计算的前额叶皮层，从而严格区分出人类利他行为和自利行为的不同神经基础。该文发表在2006年10月出版的《美国科学院院报》上。[③]最近十多年来，行为经济学家通过神经实验已经清晰定位了人类绝大多数非理性和非自利行为的脑区并阐明了它们的神经机制，其中包括我们浙江财经大学经济行为与决策研究中心（CEBD）

① Samuelson P. *Foundations of Economic Analysis*. Cambridge: Harvard University Press, 1947, 24–32.

② Quervain J F D, Fischbacher U, Treyer V, et al. The Neural Basis of Altruistic Punishment[J]. *Science*, 2004, 305(5688):1254–1258.

③ Moll J, Krueger F, Zahn R, et al. Human Front–Mesolimbic Networks Guide Decisions about Charitable Donation[J]. *Proceedings of the National Academy of Sciences of the United States of America*, 2006, 103(42):15623–15628.

团队对风险偏好[①]、损失厌恶[②]、道德困境[③]、信任和利他行为[④]所做的一系列神经实验研究，从而将行为经济学对“理性经济人假设”的批判，从一个单纯的“行为—心理”层面推向更微观、更具实证性的“大脑—神经元”层面，为人们科学地认识人类的经济行为与经济决策提供了坚实的基础。这些研究表明，行为经济学家发现的人的非理性、非自利行为并非只是一种随机扰动的“噪声”或偶然发生的“错误决策”，它们实际上是一种本体论意义上的、有着深刻的心理和生理基础的系统性行为模式。

面对新的挑战，主流经济学家不得不采取以守为攻的策略，把进化论作为反驳行为经济学家的最后一道防线。他们质疑人类的非理性和非自利行为何以能通过自然选择而留存下来，因为非理性和非自利行为往往会降低行为主体在演化过程中的“适应度”（fitness），从而被严酷的生存竞争所淘汰。他们怀疑：一种不能在进化过程中取得稳定存在的生物性状，是否有资格作为论证的武器来证伪“理性经济人假设”？正如英国著名演化生物学家理查德·道金斯（Richard Dawkins）在《自私的基因》一书中所说，“成功的基因有一个最突出的特性，就是它无情的自私性。这种基因的自私性常常会导致个体的自私性”，“如果你认真地研究了自然选择的方式，你就会得出结论，凡是经过自然选择进化而产生的任何东西，都应该是自私的”。[⑤]这样的观点与主流经济学家的思想如出一辙。

---

① Ye H , Chen S , Huang D , et al. Modulating activity in the prefrontal cortex changes decision-making for risky gains and losses: A transcranial direct current stimulation study. *Behavioural Brain Research*, 2015, 286:17–21.

② Ye H , Chen S , Huang D , et al. Transcranial direct current stimulation over prefrontal cortex diminishes degree of risk aversion. *Neuroscience Letters*, 2015, 598:18–22.

③ Hang Y , Shu C , Daqiang H , et al. Modulation of Neural Activity in the Temporoparietal Junction with Transcranial Direct Current Stimulation Changes the Role of Beliefs in Moral Judgment. *Frontiers in Human Neuroscience*, 2015, 9.

④ Haoli Z , Daqiang H , Shu C , et al. Modulating the Activity of Ventromedial Prefrontal Cortex by Anodal tDCS Enhances the Trustee ' s Repayment through Altruism[J]. *Frontiers in Psychology*, 2016, 7.

⑤ Dawkins R. *The Selfish Gene*. New York City: Oxford University Press, 1976: 3–5.

面对这种质疑和反驳，行为经济学家不得不为他们发现的非理性和非自利行为寻找演化论的依据。但他们碰到的一个重大困难是如何为演化过程建模。因为演化的一个重要特性是“随机性”，包括行为主体内部的随机变异和来自外部环境的随机扰动。在复杂系统中，演化过程的随机性虽然会导致某种确定性的“秩序涌现”；但对这类复杂系统的“涌现”现象，一般不可能在数学上给出解析性的描述。20 世纪末，经济学引入计算机仿真模拟技术来研究这类复杂系统，并由此诞生了一门新兴的学科——计算经济学（Computational Economics）。21 世纪初，行为经济学家开始运用仿真实验研究经济行为的演化问题，并取得许多重大发现。① 例如，2001 年，罗伯特·艾克塞罗德（Robert Axelrod）及其团队开创性地通过计算机仿真模拟揭示了囚徒困境博弈中的合作机制。② 2004 年，美国桑塔费学派经济学家萨缪·鲍尔斯（Samuel Bowles）和赫伯特·金迪斯（Herbert Gintis）通过计算机仿真模拟研究了人类强互惠行为演化均衡的实现。③ 2007 年，哈佛大学演化动力学家马丁·诺瓦克（Martin A. Nowak）及其团队通过基于个体行为建模（Agent-based Model）的计算机仿真模拟发现了合作行为及利他惩罚演化均衡的内在机理④，2015 年，台湾政治大学计算经济学家陈树衡（Chen S. H.）通过社会网络建模（Social network-based Model）的计算机仿真模拟研究了人类信任行为和可信任行为演化均衡的机制⑤，其中也包括我们浙江财经大学经济行为与决策研究中心（CEBD）团队

① 叶航：公共合作中的社会困境与社会正义——基于计算机仿真的经济学跨学科研究，《经济研究》，2012 年第 8 期。

② Riolo R L, Cohen Michael D, Axelrod Robert. Evolution of cooperation without reciprocity[J]. Nature, 2001, 414(6862):441-3.

③ Bowles S, Gintis Herbert. The evolution of strong reciprocity: cooperation in heterogeneous populations[J]. *Theoretical Population Biology*, 2004, 65(1):17-28.

④ Hauert C , Traulsen A , Brandt H , et al. Via Freedom to Coercion: The Emergence of Costly Punishment[J]. *Science*, 2007, 316(5833):1905-1907.

⑤ Chen S H, Chie B T, & Zhang, T. Network-based trust games: an agent-based model[J]. *Journal of Artificial Societies and Social Simulation*, 2015. 18(3), 5.

通过个体行为建模（Agent-based Model）和社会网络建模（Social network-based Model）的计算机仿真实验对公共品博弈[①]、二阶社会困境[②]、囚徒困境空间博弈中人类合作行为演化均衡[③]等方面的研究。这些研究对我们理解人类的非理性和非自利行为给出了终极的演化论解释，有力地支持了行为经济学对主流经济学“理性经济人假设”的批判。这些研究表明，人类大脑和心智中的“偏好”是“演化”过程中自然选择内化的结果；从“行为”到“偏好”，从“偏好”到“演化”，是行为经济学对主流经济学研究范式进行批评、质疑和超越过程中一个完整的“证据链”；离开中间的任何一个环节，由行为经济学家所主导的经济学“范式革命”都将是不完备的。

库恩曾经指出，一个科学理论的“研究范式”，不但包含了它的基础假设、基本定律、基本命题及相关的应用分析模式，而且也包含着它在研究过程中所使用的特定的研究方法，即它的研究手段和技术工具。[④]从某种意义上说，正是科学技术发展所导致的新的研究手段和技术工具的出现，才使我们得以发现旧范式无法解释的“异常现象”。在物理学和天文学中，许多“异常现象”的发现都依赖于电子显微镜、天文望远镜和粒子加速器技术的突破。因此，从行为实验到神经实验，从神经实验到仿真实验的发展，本身就是行为经济学“范式革命”逐步取得成功的重要标志，它们是行为经济学家的电子显微镜、天文望远镜和粒子加速器。作为行为经济学特有的研究方法和技术工具，行为实验对应着行为经济学家对行为范式的

---

① Ye H , Tan F , Ding M , et al. Sympathy and Punishment: Evolution of Cooperation in Public Goods Game[J]. *Journal of Artificial Societies & Social Simulation*, 2011, 14(14):20.

② Ye H , Chen S , Luo J , et al. Increasing returns to scale: The solution to the second-order social dilemma[J]. *Scientific Reports*, 2016, 6(1):31927.

③ Li Y, Ye Hang. Effect of the migration mechanism based on risk preference on the evolution of cooperation[J]. *Applied Mathematics & Computation*, 2018, 320:621–632.

④ 托马斯·库恩：《科学革命的结构》（第四版），金吾伦、胡新和译，北京大学出版社，2012 年 11 月第 2 版，第 8 页。

探索研究，神经实验对应着行为经济学家对偏好范式的探索研究，仿真实验对应着行为经济学家对演化范式的探索研究；在此基础上，它们共同构筑起整个行为经济学理论大厦，为经济学的“范式革命”提供创新的元素和质料。21 世纪以来，作为行为经济学三大研究方法和技术工具的行为实验、神经实验和仿真实验本身，也在不断地进行深化和发展。比如，为了解决实验室实验（Laboratory Experiment）的外部有效性问题，行为实验发展出了田野实验（Field Experiment）的分析技术；为了解决脑成像（Brain Imaging）的因果推断问题，神经实验发展出了脑刺激（Brain Stimulation）的分析技术；为了解决个体行为建模（Agent-based Model）的社会关联问题，仿真实验发展出了社会网络建模（Social Network-based Model）的分析技术。因此，目前行为经济学的研究方法和技术工具事实上包含着以行为实验、神经实验、仿真实验为代表的“三大领域”，以及以实验室实验、田野实验、脑成像、脑刺激、个体行为建模、社会网络建模为代表的“六个具体方向”，它们对行为经济学整个学科体系的研究范式起着极为重要的支撑作用，如图 1 所示：

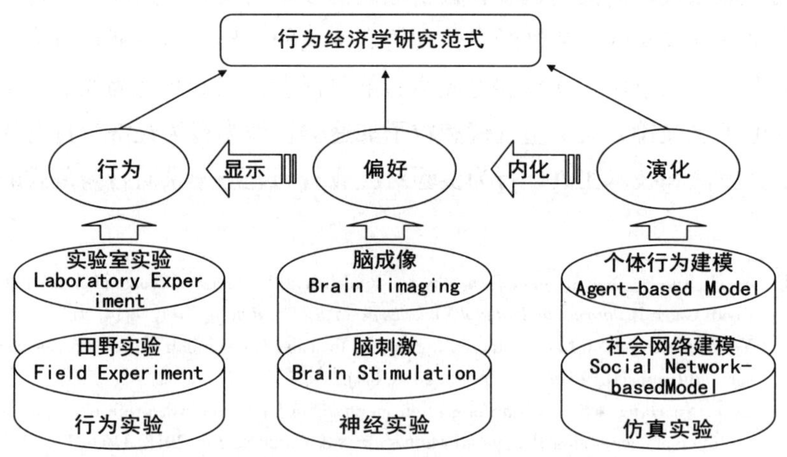

图 1　行为经济学研究方法与研究范式的关系

浙江财经大学经济行为与决策研究中心（Center for Economic Behavior and Decision-making，CEBD）目前是国内唯一一家在行为经济学研究方法“三大领域”和“六个方向”上都具备研究能力并同时开展研究的科研机构和科研团队。CEBD 的前身是浙江大学跨学科社会科学研究中心（Interdisciplinary Center for Social Sciences，ICSS）。2003 年，我与汪丁丁教授、罗卫东教授一起创建了 ICSS，把通过科学实验手段探索和推动经济学基础理论与研究方法的创新作为一个主要突破方向。近 20 年来，该团队培养了 40 多名既经过主流经济理论严格训练，又具有批判精神和跨学科视野的优秀博士和博士后，他们在《经济研究》《管理世界》《世界经济》《经济学季刊》《心理学报》等国内重要期刊发表相关论文 60 余篇，在 *Scientific Reports*、*Frontiers in Psychology*、*Journal of Artificial Societies and Social Simulation*、*Behavioural Brain Research*、*Theory and Decision*、*Macroeconomic Dynamics*、*Journal of Economic Dynamics & Control*、*Economics Letters*、*Economics Bulletin* 等国际知名 SSCI 和 SCI 期刊发表相关论文 40 余篇；出版相关专著和译著 20 余部，主持或参加了包括国家社科重大项目、重点项目和一般项目，国家自科面上项目和青年项目，教育部后期资助重大项目、一般项目和青年项目在内的各类研究课题 50 余项；获得教育部人文社科优秀成果奖、中国大学出版社图书奖、省市哲学社会科学优秀成果奖等各类学术奖励 20 余项。从 2006 年以来，我开始对招收的硕士研究生和博士研究生实行定向分类的指导与培养，分别侧重于实验室实验、田野实验、脑成像实验、脑刺激实验，以及基于个体行为建模和社会网络建模的计算机仿真实验，逐步在行为经济学研究方法的“三大领域”和“六个方向”上实现了全覆盖。

2015 年，由于许多优秀博士生面临就业问题，我无力将他们全部留在浙江大学，于是在浙江省特级专家王俊豪老校长的大力支持下，浙江财经大学整体引进了我们团队。2016 年，浙江财经大学经济行为与决策研究中心（CEBD）正式成立。2017 年，CEBD 获批浙江省哲学社会科学A类重点研究基地，由我出任基地学术委员会主席兼首席专家，浙江财经大学党委副书记、理论经济学学科负责人卢新波教授出任基地主任，我的学生罗俊副教授和姜树广博士任基地副主任。2019年4月，首届中国行为与实验经济学论坛在浙江财经大学成功召开。该论坛由《经济研究》编辑部、中国人民大学经济学院、清华大学经济管理学院、南开大学商学院、暨南大学经济学院、上海财经大学经济学院、浙江财经大学经济行为与决策研究中心和南京审计大学泽尔滕经济学实验室共同发起，来自剑桥大学、加州大学圣地亚哥分校、新加坡南洋理工大学、诺丁汉大学等海外知名大学，以及清华大学、北京大学、浙江大学、中国人民大学、复旦大学、上海交通大学、北京师范大学、南开大学、武汉大学、山东大学、厦门大学、上海财经大学、中山大学、暨南大学、华东师范大学、上海外国语大学等国内顶级大学的260余位专家学者分别围绕个体行为决策、行为博弈、市场设计、田野实验、行为金融、神经经济学等主题，展开了热烈的学术交流和讨论。在大会主会场上，我以论坛首任主席的身份做了“理论建构：行为经济学的使命”的主旨报告，系统梳理了行为经济学过去的发展历程、目前的发展困境及未来的发展方向。我在报告中指出，行为经济学基于对传统的经济学“理性假设”和“自利假设”的挑战，发展了行为实验、神经实验和仿真实验等新的研究方法，但仍面临缺乏简洁的逻辑起点和一致的逻辑解释等主要困境。我认为，要最终完成经济学的范式革命，行为经济学应该将行为人假设、行为博弈假设、演化均衡假设纳入公理体系，利用量子概率论的叠加原理把理性与非理性、自利与非自利等对立的行为融为一个分析系统，构建一个新的经济学逻辑框架。量子概率论与经典概率论的区别在于，它以波的形式描述两种（或n种）不同概率事件相互纠缠的叠加状态，从而在经典概率论的全概率公式之外引入一个叠加项；由于叠加项可以大于零或小于零，因此量子概率的计算结果会与经典概率产生偏移，而这种偏移却可以在很大程度上解释经典概率论无法解释的异象。如果叠加项取值为零，量子概率则蜕化为经典概率。因此，经典概率论只是量子概率论的一个特例。这一特性表明，建立在量子概率论基础上的经济学新范式将把传统的主流经济学作为一个特例包含在内，其关系就如爱因斯坦的相对论与牛顿的经典力学一样，从而使这一新的理论范式既能解释传统经济学可以解释的现象，也能解释传统经济学无法解释的异象。

CEBD 的宗旨是：秉持批判精神与跨学科视野，致力于通过科学实验手段（包括行为实验、神经实验和仿真实验）探索经济学基础理论与研究方法的创新，推动经济学研究范式的革命。目前，CEBD 拥有全职研究人员 22 名，海外和国内知名大学的特聘或兼职研究人员 8 名，全职博士后研究员 6 名，全日制脱产攻读学位的硕、博研究生 12 名。中心拥有一个占地 250 平方米和 50 个封闭隔间的"神经与行为经济学实验室"（Neuro & Behavior EconLab），以及包括研究生和博士后工作室、电子阅览室、讨论室、会议室在内的研究空间 600 余平方米。中心配备了功能性近红外脑成像仪（fNIRS）两台、64 通道 EEG 相关电位脑记录仪三台、VR 虚拟现实与生物反馈系统两台（套）、多导生理记录仪两台（套）、桌面眼动仪三台、经颅直流电刺激仪（tDCS）10 台（套），以及用于计算机仿真的大型服务器和数据存储设备等行为科学、心理科学、认知科学、神经科学和计算机科学的基础研究设备。

出版"行为经济学研究方法和实例丛书"是 CEBD 计划在 2019—2020 年度完成的一项重要学术任务，丛书编辑的宗旨是："通过丰富、具体的研究实例，向读者全面介绍包括行为实验、神经实验和仿真实验在内的三大领域，以及包括实验室实验、田野实验、脑成像实验、脑刺激实验、个体行为建模仿真实验、社会网络建模仿真实验在内的六个方向为代表的行为经济学前沿研究方法，从而探索和推动经济学基础理论的创新与经济学研究范式的革命。"该丛书精选了 CEBD 八位优秀博士生的博士学位论文，并在这些博士论文的基础上经过作者全面和认真的修订而成。丛书研究的具体内容涉及互惠、利他、公平、信任、合作、风险偏好、损失厌恶、禀赋效应、身份标签、群体偏向、器官捐献和宗教信仰等行为经济学的基本议题。通过阅读和学习，我们希望有志于行为经济学研究的读者能够全面了解并掌握行为经济学的前沿研究方法，能够独立地或以团队形式完成相关的行为经济学研究。为了达成这一目的，我们在每本书的附录中尽可能详尽地向读者提供有关的实验设计、实验步骤、实验材料和实验的原始数据，以及相关的 Z-tree、MatLab 和 NetLogo 等实验程序编写的源代码。我们希望该丛书能够成为一套指导行为经济学研究的实验指南和实验手册，从而推动我国行为与实验经济学的发展。

2019 年 10 月

于杭州下沙高教园区丽泽苑

前　言

> 确认某些人是否可以信任的最好方法，就是信任他们。
>
> ——海明威

经济学被誉为“社会科学中的女王”（the Queen of Social Sciences）（P. A. Samuelson）。从20世纪50年代以来，“经济学帝国主义”（Economic Imperialism）大行其道，经济学的触角不断深入人类社会生活的方方面面，俨然形成一个庞大的“经济学帝国”。信任问题，这一几乎伴随着人类社会历史始终的重要主题，也早已被纳入了经济学的研究范畴。

在前现代社会阶段，关于信任问题的研究主要是从伦理学的角度入手。伴随着前现代到现代的社会变迁，信任研究经历了从伦理学到社会学的转换，这种转换的代表性人物是著名社会学家格奥尔格·齐美尔（Georg Simmel）。他在《货币哲学》和《社会学》中提出，人类社会始于人与人之间的互动，而当代人际互动的主要形式是以货币为中介的交换，这种交换离开了信任根本无法进行。因此，他认为“信任是社会中最重要的综合因素之一。如果人与人之间无法互相信任，社会就会瓦解”。齐美尔所说的信任，实际是广义的信任（generalized trust）。

但自齐美尔之后，对信任的研究一度陷入停滞。直到半个世纪后，对信任的研究才被多门学科重新拾起。著名的心理学家莫顿·多伊奇（Morton Deutsch）首次用微观实验的方法对信任进行了测度。他将囚徒困境的方法引入到了心理学实验研究中。心理学视角侧重于从微观的角度，将信任理解为个体在特定的社会情境中产生的心理反应和心理特质。例如心理学家朱利安·罗特（Julian Bernard Rotter）认为信任是对他人言词、承诺以及口头或书面陈述之可靠性的一种期望。

新古典经济学家则从经济理性人假设出发，认为信任是一种能够有效降低交易成本、提高经济效率的“理性计算”。例如经济学家达斯古普塔认为，人际信任能够发展出来的先决条件是人们之间有着重复的交往，且人们必须有对过往经历的记忆。因此，人际信任强烈依赖于声誉效应（reputation effect）机制的作用（Dasgupta，2000）。

而在20世纪60年代，弗农·史密斯（Vernon L. Smith）首次开创了一系列的实验方法，为创立实验经济研究奠定了基础。这标志着经济学这一原本被视为依赖于实际观察的经验科学，或是建立在演绎、推理方法基础之上的思辨性哲学，转变为了能够在可控实验室中进行验证的实验性科学。随着20世纪80—90年代行为经济学的兴起，特别是在乔伊斯·伯格等人首次通过信任博弈（Berg et al.，1995）对人际信任进行有效的测度后，对信任的研究逐渐成为显学。实验经济学关于人际信任行为的大量实验结果表明，人类的信任行为系统性地背离了经济学的理性人假说（Eckel & Wilson，2004；Houser，Schunk & Winter，2010；Fetchenhauer & Dunning，2012）。关于信任的研究也逐渐摆脱了经济学理性人假设的框架，再次展现了其更为真实的、社会性的一面。

当然另外一部分经济学家并不满足于此。随着神经科学技术广泛应用于临床医学、神经科学和经济学等领域，大量神经科学实验试图进一步打开人类大脑这一黑箱，对人类亲社会行为的神经机制和运作机理进行更为深入的探究。例如神经经济学家保罗·扎克（Paul J. Zak）最早对信任的神经机制进行了系统性研究，发现大脑内的神经递质——催产素可以促进人际信任行为。催产素这种荷尔蒙激素与人类的同情心密切相关。当该激素被抑制时，人们会变得更自私、缺少同情心并表现出更多的反社会行为。因此，神经科学技术的发展，使得进一步深入揭示信任的本质成为一种可能。

上述就是人类对信任本质的认识所经历的从抽象到具体、从主观到客观、从表象到实质的过程。本人对人际信任问题的探索，可以追溯到近 10 年前与我的导师叶航教授关于人类亲社会行为（包括公平、正义、信任、利他与合作等）起源问题的探讨。人类单个个体的亲社会行为在提高群体整体福利水平的同时，是以大大降低其自身的适存度为代价的。那么人类个体的亲社会行为如何顺利穿过自然选择的无情“剪刀”得以留存至今呢？在 2005 年《科学》杂志（*Science*）创刊 125 周年之际，科学家曾提出当今人类的 125 个未解之谜，其中一个重要问题是：合作行为是如何进化的（How did cooperative behavior evolve）？

在叶航老师的影响下，我开始对生物学中的亲缘选择（kin selection）、互惠合作（reciprocity）和群体选择（group selection）等理论产生了浓厚的兴趣。这些理论虽然一定程度上可以对亲社会行为进行解释，但是仍然无法消除我内心的困惑。正如进化生物学家约翰·梅纳德·史密斯（John Maynard Smith）的“干草堆老鼠假说”（a species of mouse which lives entirely in haystacks）所指出的，群体选择理论所需要的前提假设过于苛刻，在自然界中很难找到这种情况。此外，社会生物学中理查德·道金斯（Richard Dawkins）（著有《自私的基因》）与爱德华·威尔逊（Edward O. Wilson）（著有《社会生物学：新的综合》）的著名论战同样让我深深着迷。这都引领着我不断去探索信任、利他、合作之间的联系，不断去揭示它们的本质。

诚然，关于信任本质的探索，跨越了心理学、社会学、经济学、社会生物学、神经科学等多个学科领域，要想通过本书完整、深入地探究人类信任的本质，那显然是不自量力的。本人不揣冒昧，仅从经济学实验和神经科学实验的角度出发，对人际信任行为的表现及其神经基础管中窥豹，旨在抛砖引玉，掀开人类信任行为的神秘面纱之一角。

全书结构如下：导论（第一章）、信任的定义与理论假设（第二章）、对理论假设的行为实验检验（第三章）和对理论假设的神经实验检验（第四、五章）、结论（第六章）。其中第四章是关于人际信任行为的神经实验研究，第五章是关于人际可信任行为的神经实验研究。

本书的出版获得了浙江省哲学社会科学重点研究基地（A 类）“浙江财经大学经济行为与决策研究中心（CEBD）”、国家自然科学基金青年项目（项目号：71903169）和浙江省自然科学基金（项目号：LY19G030019）的资助。本书也是“行为经济学研究方法与实例”系列丛书中的一本。在此，感谢我的导师叶航教授对我撰写本书的悉心指导，感谢浙江财经大学卢新波教授、胡亦琴教授、王正新教授等对本书出版的大力支持，感谢我的同门陈叶烽、贾拥民、郑恒、纪云东、罗俊、李燕、张弘、黄达强、陈姝、汪思绮、郭文敏等对我的关心和帮助，感谢我的家人对我的理解和支持。谨以此书献给所有我信任与信任我的人！

郑昊力

2019 年 11 月

于美国乔治梅森大学

目　录

第1章 导论

信任——对理性人的“系统性背离”

信任在人类经济生活中扮演着关键的角色，历来受到中外思想家的重视。在社会生活的方方面面，信任渗透于各种社会关系之中：不论是朋友之间，家庭成员之间，还是生意伙伴之间，信任都有着不可替代的作用。诺贝尔经济学奖获得者阿罗说：“信任是经济交换的有效润滑剂。”（Arrow，1974）宏观层面上，经济学家史蒂芬·奈克和菲利普·基弗（Knack & Keefer，1997）对1980—1992年跨国数据的研究结果显示，不同国家和地区的信任度与该国年均国内生产总值（GDP）增长率存在显著的正比关系。拉·波塔等（La Porta et al. 1996）通过跨国家和地区的研究发现，通货膨胀率和人们之间的信任程度成反比关系。信任能够解释为什么一个国家的某些地方政府比其他地区的地方政府更有效率（Putnam，Leonardi & Nanetti，1994），也能够解释为什么有些国家更适合发展大型企业组织（La Porta et al.，1996），还能够解释为什么在一些地区更容易发展金融系统（Guiso，Sapienza & Zingales，2004）。保罗·扎克和史蒂芬·奈克（Zak & Knack，2001）发现高信任度与更高的政治民主程度、更少的贪污腐败、更有效率的司法体系和更充足的公共品供给等相关。低信任度的社会经济体往往无法从“贫困陷阱”（poverty trap）的泥沼中摆脱出来。低水平的信任还增加了对于管制的需要。低水平的可信任度则阻碍了社会经济发展所必需的社会资本的增长（Neace，2004；Aghion et al.，2010）。组织层面上，信任在企业组织内部同样发挥着正向促进作用。提高企业员工之间的信任水平能够有效地降低监督成本，提高工作效率（Fukuyama，1995）和减少工作失误（Dirks & Ferrin，2002）。因此，信任是合作秩序得以形成的基石，是社会能够被整合为有机整体的重要因素。

信任不仅仅是经济学家研究的主题，社会学家、心理学家、生理学家以及脑神经科学家等都对微观层面上的人际信任进行了大量的科学研究。心理学最早开始关注信任行为并尝试测度人们之间的信任水平。1958 年，美国心理学家多伊奇通过著名的囚徒困境实验（Prisoner's Dilemma）对人际信任进行了开创性的研究（Deutsch，1958）。传统经济学关于信任的研究往往借鉴社会学和心理学问卷调查式的方法对信任进行测度。这种方法存在着理解偏误性、形式虚拟性和变量不可控性等缺陷。随着 20 世纪 80—90 年代行为经济学和实验经济学的兴起，经济学家们开始将博弈实验的方法引入到对人的各种决策行为的研究中。在这些博弈方法中，乔伊斯·伯格等（Berg，Dickhaut & McCabe，1995）设计的信任博弈（或简称为 BDM 信任博弈）能够对信任进行有效的简化和模拟，具有很好的可重复性，因此成为信任测度的经典研究范式。

新古典经济学中“经济人”假设认为人在面对涉及经济报酬的抉择时，其行为主要是自利行为。在信任博弈中，委托人先选择将初始禀赋中的多少数额（信任投资额，测度信任度）交给代理人，代理人则会得到 n 倍（n 为正整数，通常为 3）的信任投资额；然后，代理人决定将 3 倍信任投资额中的多少数额返还给委托人（可信任返还额，测度可信任度）。经典的经济学假设可以推断：在不存在任何声誉效应或策略性考量（strategic consideration）的情况下（即在单次匿名的信任博弈中），一个完全理性的经济人作为代理人时，行为决策的最优解是选择返还额为零。通过逆向递归法，作为委托人时的最优行为决策是选择投资额为零。由此我们得到了纳什均衡解，而合作的秩序在该博弈中根本无法形成。

许多有影响力的经济学家，从经济学创始人之一的亚当·斯密，到诺奖获得者加里·贝克尔、阿罗、萨缪尔森、阿玛蒂亚·森以及泽尔腾均指出，人们不只关心自己的福利，还关心其他人的福利。行为经济学和实验经济学中的一系列实证研究也表明，博弈双方的行为并不完全契合“经济理性人”假设。委托人平均会拿出初始禀赋的约 50% 作为信任投资额转移给代理人，而代理人也会将 n 倍投资额中的一部分（该部分一般略大于投资额）返还给委托人。这意味着信任投资额和返还额均显著不为零，该结果系统性地背离了经济学的理性人假说。

“系统性背离”是指这些背离都有一个明确的、可预见的方向，而非随机产生的决策错误（威尔金森，2012）。“系统性背离”的概念最早是由包括了著名经济学家萨缪·鲍尔斯（Samuel Bowles）、科林·卡默勒（Colin Camerer）、赫伯特·金迪斯（Herbert Gintis）等组成的桑塔费（Santa Fe Institute）研究团队于 2001 年发表在《美国经济评论》上的研究 15 个小型人类社会的经济学田野调查中提出的。研究者们的工作历时 10 年，在跨越五大洲 12 个国家，15 个经济水平不同、文化情况各异的小型社会的人群中开展了最后通牒博弈（Ultimatum Game）（Güth，Schmittberger & Schwarze，1982）、公共品博弈（Public Good Game）（Fehr & Gächter，2000）和独裁者博弈（Dictator Game）（Forsythe et al.，1994）。实验结果发现在这些经济和文化环境迥异的人类社会中，人的行为均系统性地违背了“理性人假设”框架。当然该研究并不意味着经济学家要完全抛弃“理性人假设”，而是提出了要在“理性人假设”的基础上对现有理论进行适当的修正和完善（Henrich et al.，2001）。

经济学理性人假设对信任行为和返还行为在解释力上的缺失促

使了社会偏好理论的应运而生。社会偏好（Social Preference）可以表述为涉他偏好（Other-regarding Preference），即人们既关心自己的利益，同时也会关心他人的利益。随着行为经济学和实验经济学的兴起，经济学家们在理性人假设的基础上加入了一系列的社会偏好[①]，如利他偏好（altruism）、互惠偏好、不公平厌恶偏好（inequity aversion）等来解释这种偏离了理性人假设的信任行为和返还行为。社会偏好理论极大地突破了新古典经济学理性人假设的局限性和狭隘性，大大增强了经济学理论对于人类各种亲社会行为的解释范围和解释有效力。社会偏好理论的形成与发展意味着经济学从“自涉—竞争——般均衡体系”向“他涉—合作—演化均衡体系”的扩展（陈叶烽，叶航和汪丁丁，2012）。

影响信任的因素除了上述社会偏好以外，还有一些非社会的偏好因素，如风险偏好，也被认为与信任行为密切相关。关于信任博弈中委托人的信任投资行为，经济学界仍然存在着关于信任是否是一种风险投资决策[②]的争议。许多关于信任的研究者们认为信任在本质上等同于风险投资博弈。如经济学家威廉姆森（Williamson，1993）认为信任是一种基于收益风险的理性计算，社会学家科尔曼（Coleman，1992）将信任定义为一种风险决策行为，格伦·库克和罗宾·库珀（Cook & Cooper，2003）认为信任投资行为能够完全被看作是委托人对于代理人的一种风险投资决策。因此信任博弈常常又被称为“投资博弈”（Investment Game）（Tzieropoulos，2013）。然

---

① 此处的“偏好”不同于传统经济学的“显示性偏好”，是指人们固有的、稳定的行为取向或行为趋势（叶航，陈叶烽和贾拥民，2013）。而其更深层次的神经经济学的含义则可以表述为人脑神经组织的某种特殊功能（Beeman & Chiarello，1998），或者说是大脑神经元网络活动的结果。

② 风险是未来世界不受欢迎的、危险的状态。风险按照其威胁的来源可以分为自然风险和社会风险。前者由自然的原因造成，如地震、海啸等造成的风险；后者则由他人（个人、社会）的行动造成，如婚姻中的背叛、友谊中的不忠等带来的风险（彼得·什托姆普卡，2005）。某种意义上来讲，“信任”属于“风险”的一种，是社会风险。文中他处除了有特殊定义说明之外，单独提到的“风险”均特指自然风险。

而一系列行为博弈实验表明信任并不能简单地等同于风险：凯瑟琳·埃克尔和瑞克·威尔逊（Eckel & Wilson，2004）的实验发现风险态度量表的测度结果无法预测被试在信任博弈中的信任投资行为；豪斯等（Houser，Schunk & Winter，2006）发现人们面对自然风险时的决策和自身的风险态度测试结果显著相关，但人们面对信任风险时的决策和风险态度测试结果之间不存在显著性关联。芬奇豪尔和邓宁（Fetchenhauer & Dunning，2012）提出，假设信任本质上是人类的一种对于风险的理性计算，那么人的信任行为应该像风险投资行为一样表现出如下特点：投资水平必然随着回报率的改变而改变。当委托人面对不同返还概率的代理人（返还概率为 80% 和 46%）作信任决策时，选择信任的比例分别为 70.0% 和 54.3%。但是当人们面对不同概率的风险投资决策时（同样为 80% 和 46%），选择投资的比例分别为 77.5% 和 28.6%。信任博弈中人的行为明显偏离了在风险决策中对期望效用最大化的行为（Fetchenhauer & Dunning，2012）。当然也有少数实验证据证明人们的信任投资行为与其自身的风险偏好之间确实存在着某种显著的正向相关关系（Cook & Cooper，2003；Schechter，2007；Qin，Shen & Meng，2011）。

虽然社会偏好理论和个体风险偏好研究可以（或可能）为人们的信任行为和可信任行为系统性地背离理性人假设这一“非理性”现象进行一定程度上的解释，但是这些理论和研究仍然不能从本质上解释人类为什么会表现出信任行为和可信任行为。行为经济学家和实验经济学家用来解释行为的“偏好”，与传统经济学的“显示性偏好”不同：“偏好”指的是人类固有的、稳定的行为取向或行为趋势（叶航，陈叶烽和贾拥民，2013）。这种从行为上定义的偏好是人类在生物学上就被决定了的特性（Ebstein，2006）。然而在现实生活中，这些偏好往往是易变的、动态的和缺乏一致性的。基于人类行为的偏好理论，由于具有上述特点，根本无法满足经济学提出的简明性、一致性和可证伪性的理论要求。现代神经科学的观点则认为，偏好和行为是人类（也包括部分灵长类）大脑的功能，是大脑“黑箱”过程唯一的相关终产物（Gul & Pesendorfer，2008）。某种意义上来讲，偏好就像是在神经元的基础上进行编码的“程序”，该程序在特定的条件下会被打开运行，而程序运行的结果则表现为人的特定行为（Dolan & Sharot，2011；Ranganath & Ritchey，2012）。因此，行为经济学和实验经济学一直以来在解释人类行为时所面临的最大困境，实际上正源自行为和偏好背后“程序代码”这一关键环节的缺失：即大脑神经元网络活动的不可测性。人们曾经认为，人类的基本特质能够并且只能够通过人的行为表现出来。因此经济学假设的理论基石，也是建立在似乎永远不可知的大脑“黑箱”的运作细节之上的。这样的观念源于人们一度坚信，对人类的心灵和感知进行直接度量是完全不可能的。萨缪尔森直到20世纪40年代还认为“效用或偏好作为一种主观心理状态是无法观察的，我们所能观察到的只能是人们的行为”（Samuelson，1947）。然而，随着神经科学的发展，探测人类大脑神经元活动的科技条件变得更加成熟，揭示大脑内部的运作模式和运行机理正在逐渐成为现实。随着大脑探测技术的进步和发展，神经经济学家已经能够通过无创伤深入探测人类大脑内部的技术，从神经元网络的层面上揭开行为和偏好的神秘面纱。因此，从神经经济学的角度看，偏好不是给定的、不可测的，而是被决定的、可观测的。

随着脑成像技术被广泛应用于临床医学、神经科学和经济学等领域，大量神经科学实验利用该技术对社会偏好和亲社会合作行为进行了研究（McCabe et al.，2001；Rilling et al.，2002；King-Casas et al.，2005；Krueger et al.，2007）。结合多种大脑探测技术（包括脑成像、脑代谢、脑内激素等研究技术），研究者们对于一些人类亲社会行为的神经机制和运作机理已经有了比较深入的了解，例如人类的利他惩罚行为[①]。利他惩罚在合作秩序的维持上起着十分重要的作用，但是这种行为无法在经济学基本理论框架内得到解释（Fehr

① 利他惩罚是人们会在没有任何物质补偿的情况下，自发地对故意违反社会规范或准则的行为进行惩罚。

& Gächter，2002）。现代脑科学研究发现，利他惩罚的神经机制与人类大脑的激励和奖赏系统有关。大脑奖赏系统是在人类作出某些行为时，向大脑决策区域发送“奖励”信号，从而提高认知能力，形成行为上的良性循环。奖赏系统的相关脑区包括：腹内侧前额叶皮质（ventromedial Prefrontal Cortex，vmPFC）、纹状体（striatum，包括豆状核和尾状核，其中尾状核与多巴胺分泌相关）、杏仁核（amygdala）和中脑（midbrain）。神经生物学家已经发现了上述相关脑区作为神经网络的整个“奖赏系统”运作的“内幕”：眶额叶皮质（Orbitofrontal Cortex，OFC）负责的是对刺激的编码过程，杏仁核和腹侧纹状体参与对预期的表征任务，而眶额叶、前额叶及背侧纹状体则参与了对行为的调控任务（O'Doherty，2004；Knutson & Cooper，2005）。经济学家恩斯特·费尔的研究团队于 2004 年发表在《科学》上的脑成像实验就揭示了利他惩罚的本质。该研究发现当人们做出利他惩罚时，大脑区域中一系列与人类奖赏系统相关的脑区被激活，其中包括了关键的尾状核。该神经科学实验通过打开大脑“黑箱”，证明了人类的利他惩罚与尾状核的激活密切相关，证明了利他惩罚行为是激活了人类大脑“奖赏系统”的结果。这意味着利他惩罚这种亲社会行为的神经机制与烟瘾、酒瘾等成瘾性行为类似。该研究为解释人类利他惩罚行为提供了神经元层面的重要实证依据（De Quervain et al.，2004）①。

关于信任的脑成像技术研究已经为我们揭示出了人类在作出信任行为时，在大脑神经元结构上产生了怎样的神经网络活性的改变，提供了信任行为在神经元网络层面的关键证据（van den Bos et al.，2009；Tzieropoulos，2013）。然而这些证据只能证明神经元激活情况与人类行为之间存在的相关关系，但是两者之间的因果联系并不能在脑成像研究中得到验证。最新的大脑神经刺激技术的发展给该问题的解答提供了全新的技术工具。运用最新的经颅

① 关于“大脑奖赏系统”利他惩罚的神经基础的介绍，详见《超越经济人：人类的亲社会行为与社会偏好》第 7 章“亲社会行为与社会偏好的神经基础”。

磁刺激（transcranial magnetic stimulation，TMS）和经颅直流电刺激（transcranial direct current stimulation，tDCS）技术，我们可以暂时调节大脑相关脑区的神经元活动，通过观测人类行为及偏好的改变来验证两者之间的因果关系，从而进一步检验经济学相关理论对于信任行为的解释是否具有一致性、合理性和可证伪性。

本书通过实验室实验对信任行为和可信任行为进行考察，重新检验和讨论了社会偏好和风险偏好与信任博弈中委托人的信任行为及代理人的返还行为之间的相关性。在实验室研究结果的基础上，我们运用神经经济学的脑神经刺激技术来打开大脑“黑箱”，从神经元网络活动的层面对信任行为、可信任行为及社会偏好进行解释和探讨。

第 2 章　信任的定义及理论假设

——从理性人到社会人

2.1　信任的定义

信任[①]，在《说文》中，“信”从人言。辞典中“信”的意义众多，包含了诚实、信用、相信、信任这些含义。从现代汉语主客体的角度分析，诚实和信用属于被观察者的客体，而相信和信任则属于观察者的主体。其中相信和信任的概念非常接近英文中的“信任”(trust)，而诚实和信用则与英文中“可信任”(trustworthiness)的概念密切相关。西方学术界对于信任的研究，其主题就是 trust。在第二版《牛津英语辞典》中，trust 有如下含义：(1)对某个人、某个事物的品质和属性或某个陈述的真实性的相信或依赖。(2)对某事物的怀有自信的期待。(3)义务、忠诚和可依赖性。(4)对于一个买者拿现货而将来付钱的能力和意向的信心。(5)对寄托某人具有信心的状况，或被托付某事物的状况。(6)〈法律〉将财产的合法所有权信托给某人，由他去为了另一个人的利益掌握和使用这笔财产。

① 郑也夫从语源学、中西方典籍、民间俗语和古典社会学大师及当代学者论述等方面对信任的定义作了详尽的阐释(郑也夫，2001)。

（7）商业信托。从信任的古代典籍来源来看，西方的信任更多的是产生于宗教：如罗马人语言中表达信任的一词 fede 就含有非理性和不能计算的含义。英文关于信任的含义中更多地体现了经济商业行为，而中文关于信任的含义则更多侧重于信用和诚实的概念。

近现代关于信任的研究，则又由于心理学、社会学和经济学等学科视角的不同而有着不同的定义。社会学视角侧重于从宏观的社会维度来研究信任，将其视为与社会制度（如法律）和文化规范（如道德）密切相连的产物。著名社会学家齐美尔认为，"信任是社会中最重要的综合因素之一。如果人与人之间无法互相信任，社会就会瓦解。""现代生活建立在对他人诚实的信任之上，这种信任远远大于通常人们所了解的程度。"德国当代社会学家卢曼在《信任与权力》中提出，信任是一个社会复杂性的简化机制：信任将包围着人们的复杂性和不确定性分为一个二元模式——能相信的和不能相信的（Luhmann，1979）。卢曼认为信任是一种宏观层面上的系统信任，而不是心理学定义的人际微观上的信任。因此，卢曼将信任分为人际信任和制度信任：前者建立的基础在于人际的熟悉程度，而后者则是用外在的社会机制，如法律法规这种惩戒和预防式的机制来降低人类在社会交往中所面对的复杂性（Luhmann，2005）。

卢曼对于信任的定义给信任的研究提供了经典的社会学范式。之后的社会学家基本遵循从社会解构、社会文化和社会制度的角度对信任进行研究。如伯纳德·巴伯受到卢曼的启发，从社会道德的角度对信任进行研究，认为信任是一种在人类社会交往中所习得的、对合乎道德的社会秩序的一种预期（Barber，1983）。以色列社会学家艾森施塔特（Eisenstadt）在《保护人、被保护人与朋友》一书中指出，"创建社会学的大师们强烈地感受到了社会分工组织与权力合法性调节与信任结构和意义结构之间存在着巨大冲突，而对于这一冲突的强调或许是古典社会学理论留给我们的最重要的遗产。"他还在谈到现代社会时指出，"扩展信任，将之与更广阔的工具权力及其更广阔的意义结合起来，变得至关重要（Eisenstadt &

Roniger，1984）。”

扎克尔（Zucker，1986）认为信任产生于三种机制：（1）基于社会交往的信任——信誉；（2）基于行动者具有社会和文化共同性的信任——社会相似性；（3）基于非个人的规则、社会规范和制度上的信任——制度。吉登斯则提出了“欠充分的归纳性知识”这一概念，认为虽然弱归纳性知识不是信任，但对人的信任总是离不开弱归纳性知识。吉登斯将信任定义为“对其他人的连续性的相信以及对客观世界的相信，它产生于儿童的早期经验”（吉登斯，1998）。

一些社会学家则从社会资本的角度来解释信任，代表性人物为科尔曼。科尔曼认为信任是社会资本的重要形式：人际信任关系是平等交换的重要条件，它可以减少监督成本和惩罚成本。科尔曼还借用经济学的理论和方法展开对信任问题的研究，将信任看作是委托人与代理人之间的博弈关系，认为信任是一种理性的市场交易行为（Coleman，1992）。因此，经济学普遍采用科尔曼对于信任的定义：在没有得到对方（代理人）任何承诺（该承诺必须是可以付诸实施的）的情况下，委托人自愿将其拥有的资源交由代理人进行处置，这种行为就是信任（Coleman，1990）。美国社会学家福山也在界定社会资本时强调了信任的重要性，他认为“所谓信任，是在一个社团中，成员对彼此常态、诚实、合作行为的期待，基础是社团成员共同拥有的规范以及个体隶属于那个社团的角色。这里所指的规范可以是深层的价值观，也可能包含世俗的规范”（Fukuyama，2001）。

社会学视角下的研究学者们倾向于用社会规范、社会习俗和社会制度来解释人们如何在社会层面上形成信任。社会学家们认为人之所以信任他人，是由于人们相信自身所处的社会道德规范和法律法规制度等社会机制能够有效地发挥作用。这些社会机制能够有效地制约人的行为，从而在社会层面上保证这种信任的产生、维持和延续。社会学视角强调信任产生的社会情境性这一特点也决定了社会学对信任的研究较少采用实验的方法，而较多地采用统计分析的方法对社会因素与信任水平间的相关性进行研究。

心理学视角侧重于从微观的角度将信任理解为个体在特定的社会情境中产生的心理反应和心理特质。早期的心理学研究将信任定义为对于他人行为或意图的积极预测（Rousseau et al.，1998）。著名心理学家多伊奇首次采用囚徒困境实验开展了心理学实验研究。他认为，一个人对于某事的发生具有信任是指，他期待该事情的出现，并且相应地采取一种行为，这种行为的结果与其期望相反时所带来的负面心理影响要大于与期望相符时所带来的正面心理影响。心理学家罗特提出，信任是个体对他人的言词、承诺以口头或书面的陈述之可靠性的一种概括化的期望（Rotter，1967）。赖兹曼认为信任实质上是个体特有的对他人的诚意、善良以及可信性的一种普遍而可靠的信念（Wrightsman，1991）。萨贝尔（Sabel，1993）说，信任是交往中双方都不会利用对方的易受攻击性弱点的相互信心。这一观点指出了信任是一种双向的、具有一定程度的风险性的一种相互关系。罗杰·梅耶等（Mayer，Davis & Schoorman，1995）则将信任定义为"信任主体基于信任客体会依照信任主体的期望行事的预期，使其自身处于易受信任客体伤害的处境，这样的意愿即是信任"。

心理学视角对于信任的定义基本上是从心理学传统范式出发对信任进行理解和解释，对人与人之间的人际信任往往关注信任的认知内容和行为表现。因此心理学对于信任水平的测度通常采用心理学实验或信任调查问卷的方式，对被试的人格特质及不同的个体差异特征进行测量和统计。

经济学视角基本上从经济理性人假设出发，认为信任是一种能够有效降低交易成本、提高经济效率的"理性计算"。诺贝尔经济学奖获得者阿罗说："信任是经济交换的有效润滑剂。"（Arrow，1974）阿罗认为世界上很多地方经济落后的现象可以用人与人之间缺少相互信任来解释（Arrow，1972）。经济学家弗雷德·赫希认为，信任是很多经济交易所必需的公共品德（public good）（Hirsch，2005）。

罗伯特·阿克塞尔罗德从博弈论的层面来分析信任，认为信任是人们在多次重复博弈性的交往中，为了保持关系的持续性和维护各自的声誉而建立起来的（Axelrod，2006）。总之，新古典经济学往往基于理性人假设来研究信任。随着 20 世纪 80—90 年代行为经济学与实验经济学的兴起，行为经济学家开始引用美国社会学家科尔曼对信任基于行为上的定义（Coleman，1990）。行为经济学家和实验经济学家恩斯特·费尔在科尔曼关于信任的行为定义的基础上，提出信任是一个个体（委托人）在没有得到对方任何法律上的承诺的情况下，自愿地将资源交由他人（代理人）处置的行为。这种信任伴随着一种期望，即该行为将以达到委托人目的的形式得到某种回报。如果代理人值得信任，信任给委托人带来的效用将超过不信任带来的负效用；反之，则不信任给其带来的负效用将超过信任带来的效用（Fehr，2009）。本书中所研究的信任即采用上述行为经济学关于信任的定义。

2.2　信任的测度方法

关于信任的测度，1958 年美国心理学家多伊奇首次通过著名的囚徒困境实验对人际信任进行了开创性的研究。心理学对于信任水平的测度通常采用两种信任调查：世界价值调查（WVS，World Value Survey）和美国综合社会调查（GSS，General Social Survey）。这种标准化的量表能在世界各地大量分发填写，以较低的成本获得庞大的有效数据，对于调查研究各国人群的普遍价值观、个人信念和人生态度等有着非常重要的参考价值。但是这种调查问卷对于信任的测度存在诸多问题：

（1）调查问卷本身可能存在语意不清或被试理解上的偏差。例如当人们被问及“一般来说，你认为大部分人是值得信赖的，还是认为在跟人打交道时需要格外小心”这类问题时，人们可能不知道应该如何回答，因为信任是因时、因地、因人而异的。

（2）调查问卷往往进行假设性的提问，而人们却生活在现实情境中，被调查者所处的现实环境和当地的社会规范都会影响他们的回答。例如当人们面对假设性问题时往往会表现出更多的亲社会倾向，但面对真实的经济决策时，其最终决策常常跟调查问卷中的回答不一致。

（3）调查问卷无法像行为实验那样通过控制各种变量来分析自变量和因变量之间可能存在的因果联系。

20 世纪 80—90 年代以来，经济学家们开始将博弈实验的方法引入到对人的各种决策行为的研究中，设计了大量的经济学实验来测度人与人之间的信任。例如杜芬伯格和格尼茨设计了“丢钱包”实验（Lost Wallet Game）来测度能够同时增进双方效用的信任行为（Dufwenberg & Gneezy，2000），费尔等人则设计了礼物交换实验（Gift Exchange Game）来模拟雇主和雇员之间的信任合作关系（Fehr，Kirchsteiger & Riedl，1993）。爱德华·格莱泽等在其设计的实验中用“丢信封”（Envelope Drop）实验来对信任进行测度（Glaeser et al.，2000）。该实验中，实验员告诉实验被试会将精心准备好的信封（里面有现金，信封上写有收件人地址）随机丢在城市的各个角落（如哈佛广场），然后问被试愿意支付多少现金来购买这些信封。被试愿意支付的现金额越高说明其对于该信封能够被送回越有信心，即意味着信任度越高。但“丢信封”实验同时也存在以下诸多问题：首先是该实验有很多无法控制的情景变量。丢信封的地点不同会导致实验结果的不同——比尔·麦克维利等的实验就发现出现在不同地点的人群，其可信任度存在显著差异（McEvily，Radzevick & Weber，2012）。其次是丢信封的时间变量无法控制，而人们有着普遍存在的时间偏好。第三是丢信封实验是零和博弈，这和日常生活中信任可以使人们得到帕累托改进的现实不符。第四也是最为关键的一点，信任行为中的委托方必须是主动将资源交由对方处置，而不论是“丢钱包”还是“丢信封”的行为明显不是人们主动有意为之。因此该实验并不能很好地测度人与人之间的信任。

相对以上这些测度方法而言，伯格等人设计的 BDM 博弈[①]由于其实验过程简单易懂，实验形式有效模拟和简化了日常生活中的信任，且不包含任何实验室之外的情景变量，同时具有非常好的可复制性，因此成为信任测度的经典研究范式（Berg，Dickhaut & McCabe，1995）。该实验中的被试全程完全匿名且只进行一轮博弈，这种实验设计排除了在多轮次重复博弈中可能存在的声誉效应和报复性惩罚等因素的干扰。正如卡默勒在面对其他诸多领域的研究者对信任博弈实验提出质疑时所回应的："一些社会学家和社会心理学家有时会反驳说，这个博弈之中根本就不存在可以用来测度的信任。因为在两个被试的单次匿名博弈中显然不存在任何的社会关系和社会惩罚，更没有任何的沟通交流，以上所有这些能够支持或者说影响信任的因素无一存在。但这恰恰是该博弈的关键所在——该博弈测的正是纯粹的信任……"（Camerer，2003）

BDM 博弈还可以简化为二元信任博弈（Binary Trust Game）[②]。这两个设计各有利弊。与二元信任博弈相比，BDM 博弈设计可以更加精确地测度委托人的信任度（Trustfulness）和代理人的可信任度（Trustworthiness）[③]。而在二元信任博弈实验中，委托人只能选择信任或者不信任，代理人也只能在给定的两个选项中进行选择。因此在二元信任博弈中，信任度只能用有多少比例的委托人选择了信任对

① BDM 博弈中，被试双方分别扮演委托人（Trustor，简称 A）和代理人（Trustee，简称 B）。该实验设计分两步：第一步由 A 先选择将初始禀赋（记为 E）中的信任额（记为 x）给 B，B 此刻得到 3 倍的 x；第二步是 B 决定 $3x$ 中的返还额（记为 y）给 A，博弈结束。A 的最终收益为 $E-x+y$，而 B 的最终收益为 $E+3x-y$。

② 在二元信任博弈中，委托人可以选择信任或者不信任。如果选择不信任，则博弈结束，双方都获得初始禀赋 E。如果选择信任，则代理人有两个选项：向左选项的结果为双方各得 R；向下选项的结果为代理人得 S，委托人得 T。在二元信任博弈中需要满足 $S>R>E>T$ 的条件。（参见图 2.1（a），在该二元信任博弈中，$E=20$，$R=25$，$S=30$，$T=15$。）

③ 信任度和可信任度——在 BDM 博弈中，信任度用 x/E 来刻画；可信任度用 $y/3x$ 来刻画（其中 x 为信任额，y 为返还额，E 为初始禀赋）。如果代理人也拥有初始禀赋，则可信任度用 $y/(3x+E)$ 来刻画。

方来进行刻画，可信任度则用有多少比例的代理人选择了返还选项来进行刻画。由于人们真实的意愿往往不会是极端情况（选择不投资或者选择投资全部），给出二元选项必然会扭曲实验结果。凯瑟琳·埃克尔和瑞克·威尔逊的实验结果就显示，这种简化的信任博弈会使测得的信任度显著偏高（Eckel & Wilson，2004）。埃里克·施尼特等的实验发现二元信任博弈中测得的信任度显著高于 BDM 博弈中测得的信任度（Schniter，Sheremeta & Shields，2013），而二元信任博弈中的可信任度则显著低于 BDM 博弈中的可信任度，说明被试的信任度和其在实验局中能够选择的决策空间大小存在着明显的相关性。因此 BDM 博弈的优点在于能更准确地测度信任度和可信任度；而二元信任博弈实验设计的优势在于虽然只能进行定性分析，但二元信任博弈提高了被试之间数据的可比性，可以更好地验证委托人和代理人在信任博弈中的行为动机和信念。

既然信任的测度有自我汇报（如调查问卷）和行为实验（如实验室实验和田野实验）两种方法，那么两者之间是否存在一定的相关性和一致性呢？格莱泽等的实验最早对该问题进行了讨论并得出了结论，该研究认为两者不存在显著的相关性（Glaeser et al.，2000）。约翰逊·斯坦曼等在孟加拉国的实验结果也认为二者不存在显著关联：信任博弈中测得的该国信任度和可信任度与其他发展中国家或发达国家中所获得的实验结果无显著差异，但调查问卷中测得的信任度却显著低于其他国家（Johansson-Stenman，Mahmud & Martinsson，2013）。不过诺埃尔·约翰逊和亚历山德拉·米斯林的研究却得出了与格莱泽等人相反的结果。他们用前人文献中多达 32 个国家的信任博弈分析了超过 23000 名被试的实验综合数据，发现通过世界价值调查（WVS）测得的信任度和通过信任博弈测得的信任度存在显著的正相关，但与可信任度之间没有显著的相关性（Johnson & Mislin，2012）。

通过对比上述论文中实验设计的异同，我们可以发现：在格莱泽等的实验中是用实验室被试个体的信任度与该个体在调查问卷中的信任度进行计量回归得到结论的；而约翰逊和米斯林论文中考察的并不是每个被试该两项变量之间的相关性，而是将 152 场实验中测得的信任度与各个国家和地区大众的自述信任度（调查问卷所得）进行回归分析，从而得出二者显著相关的结论。正如霍尔姆和丹尼尔森（Holm & Danielson，2005）所述，格莱泽的实验混淆了两个概念——狭义信任（Particularized Trust）和广义信任（Generalized Trust）——前者被定义为有着紧密接触的人与人之间的信任，如家人、朋友，甚至是拥有共同出身或生活背景的人们之间的信任；后者则被定义为对“更加一般的人”的信任，即对于完全匿名的陌生人的信任。格莱泽等调查问卷中测度的是广义信任，而其行为实验测得的是狭义信任（因为在其实验中被试之间相互见面，且一些被试之间相互认识），当然会存在着不匹配。约翰逊和米斯林的研究中各国家和地区通过调查问卷取得的广义信任度数据与实验室实验中测得的大量被试信任度的综合数据显著相关，证明了调查问卷式测度和实验式测度之间存在着相关性和一致性。

2.3 信任——对“理性人”理论假设的背离

2.3.1 信任是源于风险投资吗？

信任博弈在设计之初就被一些研究者认为其本质上是一种风险投资博弈（Tzieropoulos，2013）。信任和风险从表面上看都是人们在面对不确定性（Uncertainty）时所进行的一种投资，两者之间的差别在于前者面对的是未知的、他人可能做出不同选择的不确定性，后者是面对自然的、有着某个固定概率的不确定性。许多学者对个体信任决策与风险决策之间是否存在某种关联进行了研究。其中凯瑟琳·埃克尔和瑞克·威尔逊的实验发现风险态度量表测度的风险偏好无法预测被试在信任博弈中的信任投资行为（Eckel & Wilson，2004）。豪斯等（Houser et al.，2006）的实验将被试分别面对电脑和面对他人时的信任行为进行比较分析，发现当人们面对电脑时，其决策和自身的风险态度测试结果显著相关；而当其面对的是活生生的人时，其决策和风险态度测试结果之间不存在显著性关联。因此豪斯认为信任行为与风险决策行为存在着明显差异。如果信任就是一种风险决策，那么该论断成立的必要条件是信任水平应该随着信任行为回报率的改变而改变。但是芬奇豪尔和邓宁的研究发现当代理人返还的可能性发生改变时，委托人在博弈中的信任额并不发生显著变化（Fetchenhauer & Dunning，2012）。这说明信任行为不能完全等同于人们的风险决策行为。研究者试图找到信任与风险之间存在的联系，本质上仍然是从“经济人”假设出发的一种惯性思维，尝试从信任所获得的物质收益来解释这种行为。然而大量信任博弈实验的结果显示，信任行为的平均回报为零，而且信任行为也不会随着实验设计中回报率的变化而发生改变，这说明信任与风险并不是一回事。

在脑成像实验中，委托人面对其他被试和面对电脑相比，其前额叶脑区（Prefrontal Regions）更显著地被激活了，并且该结论只有当被试选择信任时才成立。不论是面对人还是面对电脑，当被试选择不信任时，该脑区均不存在激活上的显著差异（McCabe et al.，2001）。这意味着做出符合博弈理论中纳什均衡的决策不需要前额叶脑区的参与（Tzieropoulos，2013）。因此脑科学实验证明当委托人选择信任对方时，面对电脑和面对他人的情况相比，脑区的激活程度存在明显的差异。

2.3.2 信任是源于模糊性规避吗？

如上一节所述，信任行为是否是一种风险投资行为，对于该问题的研究并未得到一致的结论。针对该问题，费尔利等（Fairley et al. 2012）则试图从模糊性的角度来进行解释。费尔利等认为上述实验实质上是混淆了不确定性（Uncertainty）中的模糊性（Ambiguity）和风险（Risk）这两个概念而引起实验结果的不一致。

法兰克·奈特在 1921 年提出了不确定性有着两种不同的类型——风险和模糊性（Knight，1921）。尽管都是不确定性，风险（属于外生不确定性）的特征是人们知道这种不确定性的概率是客观存在的值（不论人们是否知道该概率的具体数值）；而模糊性（属于内生不确定性）的特征则是人们明白这种不确定性的概率并不是客观存在的值。费尔利等认为在之前的研究中，当作为委托人的被试面对代理人时，委托人不知道对方将会作何选择，因此是模糊性在起作用；而当面对电脑时，该博弈有一个确定的、客观存在的概率，因此属于风险范畴（虽然该概率 p 等于扮演代理人角色的所有被试的平均返还率，客观上与信任博弈中的概率相等）。因此他设计了一个实验来区分不确定性中的风险和模糊性对信任的影响。

费尔利等人的实验设计与前人的不同之处是增加了一个风险信任博弈（Risky Trust Game，RTG）。该博弈使用的是二元信任博弈框架，他们将已经做出决策（即选择是否返还）的被试随机分为四人一组，然后从每组中随机抽取一位作为代理人。那么此时委托人在跟代理人组配对时将面对五种可能：（1）该组中无人选择合作；（2）有一人选择合作；（3）有两人选择合作；（4）有三人选择合作；（5）四人都选择合作。在该 RTG 实验局中，费尔利让委托人面对以上五种情况分别做出选择。那么这个涉及对方决策模糊性的信任博弈就被改造成被试面对的依然是社会风险（而不是自然风险），但是当面对每种情况时被试都清楚选择信任时得到返还的概率分别为多少（对应为 0，25%，50%，75% 和 100%），因此该实验设计去掉了模糊性的干扰。为了和 RTG 做参照比对实验，经典的 BDM 博弈也被稍加改动成为对照实验局。该实验局中的委托人面对的同样是四人一组的代理人，但是该实验局中的委托人没有被告知获得返还的概率。作者将该实验局称为模糊信任博弈（Ambiguous Trust Game，ATG）。

被试的社会风险偏好由 RTG 进行测度。实验结果显示被试的社会风险偏好显著影响 ATG 中的信任额，而测度自然风险的博彩风险偏好（Lottery Risk Preferences）和 ATG 中的信任额之间没有显著关联。这与之前的一系列文献结论一致（Eckel & Wilson，2004；Ashraf，Bohnet & Piankov，2006；Ben-Ner & Halldorsson，2010；Houser，Schunk & Winter，2010；Etang，Fielding & Knowles，2011）。因此，该实验结果能够解释之前文献中之所以没有发现这种关联，正是因为那些研究中测的是风险，而非模糊性。在之前文献大量关于模糊性的实验中，被试均存在着模糊规避（Ambiguity Aversion），费尔利等的实验结果也得出类似结论：人们在 ATG 中的信任额要显著低于 RTG 中的信任额，其量表测试中的模糊容忍度（Ambiguity Tolerance）也被证明与 ATG 中的信任额相关。因此，不确定性中的模糊性会显著降低人们的信任度。

模糊性和风险作为不确定性的两种类型，本身也存在着某些内在联系，脑神经科学实验结果也证实二者存在着某种相关性。神经科学家徐明等人用功能核磁共振比较了人们面对模糊性和风险时的脑神经活跃程度，发现人们是否面对模糊性情境与其眶额叶皮质和杏仁核的显著激活之间存在着正相关性，而与其纹状体的激活之间存在着负相关性。OFC 损伤的病人不会表现出风险规避和模糊性规避，该结论意味着风险和模糊性在人的大脑中可能共享某些脑区，如 OFC（Hsu et al.，2005）。

因此从诸多相关的行为实验尤其是脑成像实验来看，风险决策跟信任决策不论是其内在偏好（例如信任中存在着背叛规避、模糊规避和涉他偏好等偏好，而风险决策中存在着风险规避等偏好），还是其脑神经基础（大脑激活区域）均存在显著差异。而不同的实验方法对于被试风险决策的测度也存在着差异性（如风险测度量表和风险博弈实验获得的结果也不尽相同）。但另外一方面也有一些行为实验证明两者之间存在着某种联系。此外，在风险决策中的风险规避又与信任中的模糊规避在大脑中共享某些功能脑区。因此我们认为，首先需要对不同风险测度方法的有效性进行论证，再将信任博弈中的诸多变量进行控制，才能排除这些干扰因素，从而进一步论证信任与风险决策之间是否存在着相关性。

2.3.3　信任是基于结果、动机还是信念?

从理性人假设出发，我们可以推断，人们在信任博弈中直接影响决策的因素是最终的收益结果，因此人们的决策不会受到对方的行为动机和行为意图的影响。博弈论中的基本理论假设为：不论是博弈的标准式还是扩展式，人们的理性行为应该是恒定不变的。但是安德鲁·肖特等（Schotter，Weigelt & Wilson，1994）、阿姆农·拉波波特（Rapoport，1997）以及凯文·麦凯布和弗农·史密斯（McCabe & Smith，2000）的实验均显示标准式实验中被试的行为与扩展式实验中被试的行为存在着显著的差异。由此引发了关于信任博弈中的信任行为，尤其是作为代理人的返还行为是基于博弈结果（Result-Based）还是基于动机（Intention-Based）的讨论。正如弗农·史密斯在其文中指出的，基于博弈结果的模型（包含了互惠和内在涉他偏好理论）无法完全解释诸多博弈实验中呈现的差异：如果人的行为都是基于博弈结果，那么我们就无法解释实验内容和实验程序对实验结果的显著影响，例如一个简单的单盲和双盲设计就会对信任博弈中被试的决策产生强烈作用（Smith，2003）。

（1）动机和结果

运用前文提到的二元信任博弈，我们可以对被试的动机和信念等因素是否对其行为决策产生影响进行检验，其中有代表性的是麦凯布等的二元信任博弈实验（McCabe，Rigdon & Smith，2003）。麦凯布等设计了一个自愿信任博弈（VTG，图 2.1（a））和一个非自愿信任博弈（ITG，图 2.1（b））。两个博弈实验局的差异在于 VTG 中，委托人可以选择“不信任”来获得一个固定的收入（即委托人的机会成本），因此如果其选择“信任”就体现了委托人对代理人的善意动机。而 ITG 中的委托人没有“不信任”选项，只能选择“信任”，无法表明其动机。如果人们的行为是取决于最后博弈得到的最终结果，那么这两种情形中代理人的选择必然不会存在统计学意义上的显著差异。而如果代理人的行为是基于委托人行为动机的话，那么两种情况下的代理人行为就会显著不同。麦凯布等的实验结果显示代理人的行为显著受到对方动机的影响。当代理人面对自愿合作的委托人时，有64%的被试选择了返还（即选择了双方各得25），而在面对非自愿合作的委托人时只有33%的被试选择了返还。委托人自愿选择信任的动机能够显著增加代理人的可信任度。

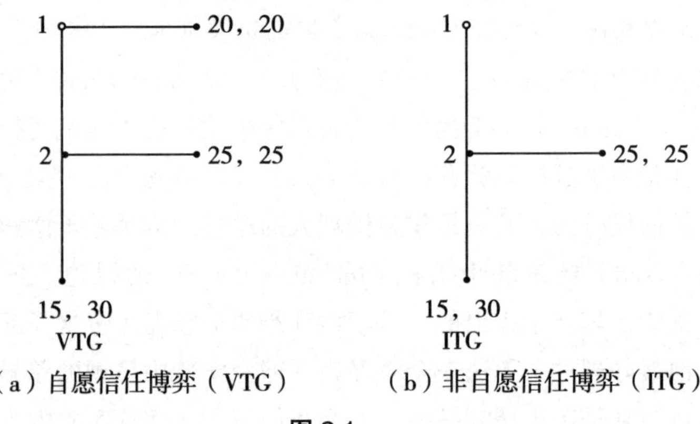

（a）自愿信任博弈（VTG）　（b）非自愿信任博弈（ITG）

图 2.1

（2）信念和动机

皮埃尔·拉库尔（Lacour，2012）跟进的实验则对麦凯布等的假设提出了疑问。在麦凯布等的实验设计中，委托人的动机是一目了然的，代理人可以通过实验博弈矩阵和委托人的选择来准确推测出其动机。而在拉库尔增加的两个实验局中，代理人无法通过委托人的选择明确知道其动机。该实验用自愿信任博弈（VTG，图 2.1（a））分别跟好撒玛利亚人博弈 [GS，图 2.2（a）]、成果独享博弈 [SW，图 2.2（b）] 进行对比验证。实验结果显示代理人对于委托人动机的猜测绝大部分是错误的。代理人对于对方动机的猜测分别只有38.5%，28.8%和26.9%的准确率（分别对应VTG、GS和SW）。拉库尔的实验中还设计了被试分别扮演委托人和代理人进行决策来验证对于对方动机的信念与自身决策之间是否存在相关性。实验结果支持了以下结论：代理人对委托人动机的猜测与自身作为委托人时的决策相关，因此代理人的信念是基于设身处地地站在对方角度考虑时的认识。这也进一步证明信任博弈中代理人的行为更多地基于自己的信念，而非源于对方的动机。

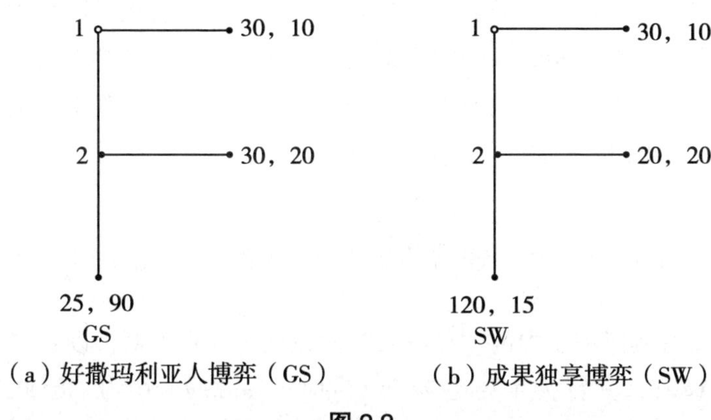

（a）好撒玛利亚人博弈（GS）　　（b）成果独享博弈（SW）

图 2.2

但是该实验亦存在如下问题：在该实验的不完全信息设计中，被试有可能把自己的意图说成是对方的动机。如 VTG 中当 95% 的被试作为委托人时预测对方的动机为（25，25），而当其为代理人时又预测对方的动机为（15，30）。拉库尔认为该实验博弈不存在声誉效应且是单轮博弈，被试无需为了自利找任何借口。但是拉杜·范兰库努等（Vranceanu，Sutan & Dubart，2012）的实验结论似乎并不支持这种说法。

范兰库努等（2012）设计了一个二元信任博弈来模拟现实生活中投资失败的情况。在范兰库努等的实验设计中，委托人选择投资后，会有 p（p 值是完全公开信息）的概率导致投资失败（该概率是自然决定的）。那么二元信任博弈就成为该设计中 $p=0$ 时的一个特例（即投资失败率为 0%）。实验的巧妙之处在于代理人和委托人之间存在严重的信息不对称：代理人选择背叛和投资失败这两种情况给委托人带来的收益相等，并且委托人无从知晓代理人的收益。因此委托人不知道自己的损失是由代理人的背叛行为还是由投资失败引起的。范兰库努等通过对 $p=0$ 和 $p=0.01$ 的两个实验局的比较分析，发现了即使在非常小概率（1%）会出现投资失败的情况下，代理人仍然会显著出现更多的背叛行为（委托人的选择并未出现显著变化）。而当 p 上升到 10% 时，双方都预测到代理人的背叛行为会显著增加，因此更多的委托人选择了不信任，也有更多的代理人选择了背叛。该实验结果说明了即使不存在声誉效应和惩罚威胁，代理人也很可能会找一块遮羞布，如利用游戏规则或制度上的漏洞达到自身收益最大化并掩饰自己的不合作行为。

2.4 信任——社会偏好理论假设的提出

新古典经济学中的“经济人”假设认为人在面对涉及经济报酬的抉择时，其行为主要是涉己（Self-Regarding）行为。因此当经济学家一开始对人与人之间的信任行为进行解释时，往往将其解释为一种正向互惠（Positive Reciprocity）行为——即人们用友好和慷慨的帮助来回报对方的友好和慷慨。互惠偏好包括互惠动机和互惠行为两个方面：互惠动机是指经济个体在耗费一定成本的前提下，具有报答他人善意行为并报复他人敌意行为的动机。由互惠动机产生的行为就是互惠行为。互惠行为可分为两种类型：一类是对友善的行为给予报答，另一类是对敌意的行为给予报复。其中，友善的行为称为正互惠行为，敌意的行为称为负互惠行为。经济学家用来解释信任的这种内在互惠动机被称为有条件互惠（Conditional Reciprocity），这是一种基于对方身份和行为的、植根于人类情感深处的动机，这种互惠在人类史上已经进化了上千年（Trivers，1971）。但是这种互惠行为需要在长期合作——即存在着声誉效应的条件下才能发挥其作用。实验经济学中的单次匿名信任博弈实验证明了人们之间的信任其实无法完全用正向互惠来解释。大量实验结果证明人们之间的信任受到了社会偏好的影响。

2.4.1　正面社会偏好：涉他偏好

主流经济学家强调的正向互惠是一种有条件的善意（Conditional Kindness），而涉他偏好则是一种无条件的善意（Unconditional Kindness）。实验经济学开创人之一的詹姆斯·考克斯定义涉他偏好为一个个体在考虑自身物质利益的同时还会考虑他人物质利益的偏好（Cox，2004）。伊丽莎白·霍夫曼（Elizabeth Hoffman）等于 1996 年在独裁者博弈中就证明了人们普遍存在着考虑他人利益的偏好（Hoffman，McCabe & Smith，1996）。利他主义是涉他偏好背后动机的解释之一[①]。弗农·史密斯（Smith，2003）和考克斯（Cox，2004）的实验结果均显示利他偏好在信任行为中扮演了重要的角色。其中考克斯设计了一个三合一的实验，即标准的 BDM 博弈、增值三倍独裁者博弈和修正的独裁者博弈，其设计的增值三倍独裁者博弈能够在保持变量参数不变的情况下测得委托人的利他偏好。实验结果表明被试的信任度和可信任度均显著受到利他偏好的影响。考克斯的实验为被试间设计（Between-Subjects Design），阿什拉夫等（Ashraf，Bohnet & Piankov，2006）则在其基础上设计了被试内设计（Within-Subjects Design）[②]，也获得了相同的结果。各国不同的被试样本数据，如霍尔姆和丹尼尔森（Holm & Danielson，2005）在瑞士的实验以及约翰逊·斯坦曼等（Johansson-Stenman，Mahmud & Martinsson，2013）在孟加拉国的实验均显示除了互惠偏好之外，涉他偏好均影响人们之间的信任度，而且即使当委托人对于对方行为的期望和最

---

① 对于涉他偏好背后的动机有着不同的解释：安德里尼和米勒（Andreoni & Miller，2002）以及考克斯等（Cox，Sadiraj & Sadiraj，2002）认为是利他偏好引起的；而费尔和施密特（Fehr & Schmidt，1999）以及博尔顿和奥肯费尔（Bolton & Ockenfels，2000）认为是不平等规避在起作用；查尼斯和拉宾（Charness & Rabin，2002）则将涉他偏好解释为个体出于社会福利最大化即帕累托最优的考量，还有学者认为是基于效率的考虑（Engelmann & Strobel，2004）。

② 被试间设计不能从根本上排除个体差异对实验结果的干扰，而被试内设计的优点在于所有的实验对象都会受到每一个自变量水平的影响。

终获得的收益均无显著变化时，委托人是否已被指定了对方也会显著影响其信任行为（Dunning，Fetchenhauer & Schlösser，2012）。当人们面对假设性的问题时，只有38%的被试愿意选择信任，而当被试已经开始进行信任博弈时，56%的被试选择了信任（Fetchenhauer & Dunning，2009）。这些实验结果都证明了涉他偏好会正向增加委托人的信任投资额。独裁者博弈中更加慷慨的被试在扮演代理人的角色时其可信任度也更高，进一步说明了利他偏好可以预测代理人的返还行为。

2.4.2 负面社会偏好：背叛规避

这种对于他人福祉的关注，对于他人利益的考量又会带来另外一个难题：信任行为如何能够应对信任中的“搭便车”行为——欺骗和背叛？欺骗会带来极大的信任风险，背叛则会引起人们强烈的愤慨和不惜代价的惩罚性报复。从生物演化的角度来看，人类拥有几百万年的演化史，因此可能已经进化出了一种天然的机制——“背叛规避”来应对欺骗和背叛，避免使自己处于可能被人出卖的境地。在实验经济学中，背叛规避的概念最早由艾里斯·博内特和理查德·泽克豪瑟在2004年（Bohnet & Zeckhauser，2004）及艾里斯·博内特等在2008年发表的多国被试参与的研究论文中提出。博内特的实验中设计了一个被试的最低可接受概率（Minimum Accepted Probability，MAP）变量来分别测度人们在风险独裁者博弈（Risky Dictator Game）和信任博弈中愿意信任对方或者信任电脑的差异程度。实验结果发现参与风险独裁者博弈的被试的MAP值要显著小于那些参与信任博弈的被试的MAP值，这意味着与信任电脑相比，人们需要更高的获得返还的概率才会愿意信任对方，由此发现人们可能普遍存在着背叛规避。博内特结合了日常生活的经验感受，如此解释背叛规避：假如人们在风险投资实验（如风险独裁者博弈）中失败，他们只会怪自己运气太差而已；但如果人们在信任博弈中选择信任而遭到损失，他们就有非常强烈的被人出卖的感觉，这种感觉带来的负面情绪让人十分难受，由此带来的巨大负效用需要更高概率的回报期望才能得到补偿，即两者之间存在着“风险溢价”。艾蒙和豪斯（Aimone & Houser，2011）在跟进的实验中进一步从代理人的角度验证了背叛规避的存在，并讨论了背叛规避对于合作的影响。艾蒙和豪斯（Aimone & Houser，2011）同样采用标准的二元信任博弈作为对照组，其增加的实验局中代理人知道自己的决策不会影响委托人的最终收益（委托人收益由电脑根据所有代理人选择中的返还比例随机决定），因此在该实验局中不存在背叛规避。实验结果发现代理人在实验局中存在背叛规避的情况下比不存在背叛规避的情况表现出更高的可信任度。一方面由于背叛规避的存在提高了委托人的 MAP 值，从而对合作的产生起到一些阻碍作用；但另一方面由于背叛规避的存在提高了代理人的返还额，对合作又产生促进作用。从实验结果分析来看，促进作用要大于阻碍作用，从而在存在背叛规避的情况下，人们的行为会表现出更高的合作水平。

与博内特等发现的背叛规避恰恰相反，芬奇豪尔和邓宁（Fetchenhauer & Dunning，2009）的实验得到了完全不同的结论：人们在风险决策中的规避程度要明显高于其在信任实验中的规避程度。为了解释这两种截然相反的实验结果，芬奇豪尔和邓宁（Fetchenhauer & Dunning，2012）对此进行了进一步的研究。他们发现这种截然相反的结论源于二者实验设计上的差异。博内特等的设计中只有当被试的 MAP 值大于设定值时，被试才能进入信任博弈或风险独裁者博弈，而芬奇豪尔和邓宁的设计中被试从一开始就已经进入了博弈实验。正如前文所述，当人们已经处在信任博弈中时，通常不会选择不信任对方而轻易退出实验；而当被试并没有面对对方时（即使是完全随机和匿名的），其亲社会性的一面往往就得不到体现（Fetchenhauer & Dunning，2012）。比如在囚徒困境实验中，当被试未被指定其他被试时，他们倾向于不合作（Yamagishi et al.，2007）。因此在芬奇豪尔和邓宁的实验中测不到背叛规避很可能是由于受到了涉他偏好的干扰。

脑科学实验进一步证实了背叛规避并揭示了背叛规避背后的神经学基础。艾蒙等（Aimone，Houser & Weber，2014）的脑成像实验设计中完全去除了涉他偏好的干扰，其实验中代理人的最终报酬独立于委托人的决策，同时其实验结果显示背叛规避确实存在并且和脑岛（Insula）有关。卡斯尔等于2012年进行的实验也发现，20—42岁之间的年轻人被试和55岁以上的老年人被试相比，在面对可信任度低的面孔时，其前脑岛（Anterior Insula）更多地被激活，这进一步证实了前脑岛和信任度之间的联系（Castle et al.，2012）。

2.5 信任行为的理论模型

2.5.1 BDM信任博弈模型

在BDM信任博弈中，博弈双方首先都获得相同的初始禀赋（如10美元）[①]。BDM博弈为贯序博弈，分两个阶段：

阶段1，作为委托人的被试先决定将自己手中初始禀赋的多少作为信任投资额转移给对方，而代理人将得到3倍的信任投资额。

阶段2，作为代理人的被试决定将委托人转移过来的信任投资额中的多少返还给委托人。

假设第一阶段委托人给代理人的信任投资额为M_a，则代理人获得$3M_a$。第二阶段代理人的返还额可以看作是一个关于$3M_a$的函数，记为$k_b(3M_a)$。委托人的收益为$P_a(M_a, k_b)$，代理人的收益为$P_b(M_a, k_b)$。各自的收益如下：

委托人：$P_a(M_a, k_b)=10-M_a+k_b(3M_a)$

代理人：$P_b(M_a, k_b)=3M_a-k_b(3M_a)$

假定人们的效用函数是关于收益的一个严格单调递增函数，则

① 委托人和代理人获得相同的初始禀赋能够排除信任投资行为中不公平厌恶偏好的干扰。

不论委托人的信任投资额为多少，代理人的子博弈精炼解都是 $k_b(3M_a)=0$。根据动态博弈的逆向归纳法，如果委托人推断到代理人的最优策略是返还额为零，则其最优策略是选择信任投资额为零。由此我们可以得到纳什均衡解为 $\{M_a=0;\ k_b(3M_a)=0\}$。

在 BDM 博弈中，信任满足了如下 3 个条件：

（1）在第一阶段，委托人的信任投资行为是充满风险的，因为代理人有可能会返还，也可能不会返还；

（2）在第二阶段，代理人需要放弃部分的收益来使得委托人的收益情况变得更好一些；

（3）由于投资的数额都会乘以 3 倍，因此相对于子博弈精炼纳什均衡，委托人选择投资将会提高博弈双方的总收益。

从演化博弈（evolutionary game）角度来分析，如果一种行为策略的相对收益很小，那么该行为策略就是一种劣势策略，将会最终在演化中被迭代剔除。但是不做出任何信任投资决策意味着收益为零，因此信任能够成为一种常态，需要满足如下正向收益假设（即起码对于某些投资来讲，其回报应该是正的）：

$$\sum_b \frac{k_b(3M_a)}{N} > M_a \qquad (N\text{ 为代理人的个数})$$

伯格等的实验结果部分证明了上述假设：约有 36.7% 的代理人的可信任返还额要高于委托人的信任投资额，这意味着起码在这些信任行为中，有 1/3 左右的信任投资是能够得到正向回报的。

BDM 信任博弈实验还依据拉宾（Rabin，1993）的将善意（kindness）引入到效用函数中的假设，验证了 M_a 和 $k_b(3M_a)$ 是否会呈现显著的正向相关关系，结果并没有发现两者之间的显著相关性。伯格等的信任博弈还发现了在单次匿名信任博弈中，委托人平均会将 50% 的初始禀赋作为信任投资额转移给代理人，而代理人平均也会将所得筹码中的 30% 返还给委托人。BDM 博弈中的行为数据分析结果均偏离了理性人假设。

2.5.2 涉他偏好模型

考克斯（Cox，2004）的实验则首次正式将涉他偏好引入到信任博弈双方的效用函数中来。假设 y^k 和 y^j 分别代表被试 k 和被试 j 在该博弈实验中的现金收益。假设代理人 k 的偏好可以由一个效用函数来表示，则代理人 k 的效用函数中应该同时受到自身收益（涉己偏好）和他人收益（涉他偏好）的影响，即代理人 k 的效用函数 $u^k(y^k, y^j)$ 不是一个关于 y^j 的常函数（constant function）。

考克斯设计的实验为被试间设计，其中有三个博弈实验：A. 信任博弈；B. 增值 3 倍的独裁者博弈；C. 修正独裁者博弈。

增值 3 倍的独裁者博弈实验（博弈 B）中，博弈双方（角色 A 和角色 B）获得相同的初始禀赋（10 美元）。角色 A 需要决定分配多少筹码给角色 B，分配的筹码数额将会乘上 3 倍转移给角色 B。而角色 B 不需要采取任何行动，博弈结束。该博弈与 BDM 信任博弈的唯一区别在于：在增值 3 倍的独裁者博弈中，角色 B 不需要作出任何决策，而在信任博弈中角色 B 需要作出返还决策。

考克斯设计的修正独裁者博弈实验（博弈 C）与标准的独裁者博弈也有所区别。在该博弈实验中，首先角色 A 不需要做出任何决策。角色 A 在此博弈中将获得之前博弈 A 中“角色 A”在做出信任投资决策后剩余的筹码数；角色 B 在获得初始禀赋（10 美元）的基础上还获得了博弈 A 中“角色 B”获得的筹码数（即 3 倍的“角色 A”的信任投资额）。此外，这种实验伊始，在角色 A 和角色 B 获得的筹码之间呈现的两两配对的负相关性会列在表格上显示给该场次的被试看（由于是被试间设计，该博弈中的被试并未参加之前的信任博弈，且相互之间完全匿名。该实验设计的目的是完全模拟博弈 A 中阶段二开始之前的情况）。此时角色 B 需要决定将手中筹码的多少分配给角色 A，博弈结束。

设委托人的效用函数为 u^1，假设委托人在增值 3 倍的独裁者博弈（实验 B）中最终选择转移给对方的数额为集合 S 中的一个整数

s_b，则对于任意的 $s \in S$，需满足

$$u^1(10-s_b,\ 10+3s_b) \geqslant u^1(10-s,\ 10+3s) \quad (1)$$

假设委托人在信任博弈（实验 A）中选择的信任投资额为 s_a，则由不等式（1）可得：

$$u^1(10-s_a,\ 10+3s_a) < u^1(10-s_b,\ 10+3s_b),\ s_a \in S \quad (2)$$

同理，设代理人的效用函数为 u^2，假设代理人在信任博弈（实验 A）中选择的返还额 $R(s_a)$ 是一个关于 s_a 的函数，记为 r_a。同时假设其在独裁者博弈（实验 C）中选择转移给对方的转移额为 r_c。对于任意的 $r \in R(S_a)$，需满足如下不等式：

$$u^2(10+3s_a-r_c,\ 10-s_a+r_c) \geqslant u^2(10+3s_a-r,\ 10-s_a+r) \quad (3)$$

假如我们在博弈实验结果中观测到 $r_a \geqslant s_a$，即代理人的返还额不少于委托人的信任投资额，此时我们不能仅仅依据该观测结果就推断被试的返还行为是出于互惠动机的考量，因为这种返还行为中也可能受到了潜在的无条件利他偏好，或者不公平厌恶偏好[①]的驱使；但是假如我们在博弈实验结果中观测到 $r_a > r_c$，则我们可以得出结论：代理人的返还行为是出于互惠动机的考量，因为在此情况下，代理人在信任博弈（博弈 A）中的返还额要显著高于其在修正独裁者博弈（博弈 C）中的无条件利他分配额（测度被试的无条件利他偏好）。此时由不等式（3）可得到如下不等式：

$$u^2(10+3s_a-r_a,\ 10-s_a+r_a) < u^2(10+3s_a-r_c,\ 10-s_a+r_c),\ r_a \in R(s_a) \quad (4)$$

考克斯的实验将信任博弈分解为一个增值 3 倍的独裁者博弈（委托人角度）和一个修正的独裁者博弈（代理人角度），发现了人们的信任投资行为和可信任返还行为均显著受到无条件利他偏好和互惠利他偏好的影响。该模型的意义如下：（1）与理性人假设下效用函数与他人收益无关不同，该效用函数不仅与自身的收益相关，

① 关于不公平厌恶偏好的综述，请参考陈叶烽，叶航和汪丁丁（2012）。

还将他人的最终收益包含在里面，认为他人的收益情况同样会影响行为者自身的效用。（2）考克斯基于实验结果提出需要将被试关于对方利他偏好和互惠动机的主观信念引入到效用函数中来，因为实验中发现信任投资行为与利他偏好和互惠偏好之间均存在着某种相关性。（3）代理人的无条件利他行为应该是基于委托人当时做出决策的具体情境之下的行为，在代理人的效用函数中应该将委托人的信任投资行为意图纳入其中。该研究的缺点是采用的被试间设计无法排除被试异质性对实验结果产生的影响，而且该研究没有对利他偏好和互惠偏好在信任行为中产生影响的相对比重做深入的剖析。

阿什拉夫等（Ashraf，Bohnet & Piankov，2006）在考克斯（Cox，2004）的基础上设计了被试内实验。其实验设计中的信任博弈与考克斯的实验相同，唯一的区别在于阿什拉夫等的实验中代理人没有获得初始禀赋。增值 3 倍的独裁者博弈也与考克斯的设计完全一样，而代理人利他偏好则用了标准独裁者博弈来测度。此外，该实验还用 6 个风险决策选项测度了被试的风险偏好，并在数据分析中对被试的风险偏好作了控制。

其回归方程如下：

$$X = \alpha + \beta \times E\left(Y/3X\right) + \gamma \times TDG\text{give} + \delta \times \text{controls}$$

$$Y/3X = \alpha + \beta \times 3X + \gamma \times DG\text{give} + \delta \times \text{controls}$$

其中，X 是作为委托人的信任投资额，Y 是作为代理人的可信任返还额，TDGgive 为增值 3 倍的独裁者实验中的转移额，DGgive 为标准独裁者博弈实验中的转移额，$E\left(Y/3X\right)$ 是委托人对于每单位投资可能获得的返还额的期望，*controls* 为控制变量。α，β，γ，δ 分别是各个变量的回归系数。

由于在信任博弈贯序的第二阶段，作为代理人的被试在自己和对方之间分配总数为 $3X$ 的筹码可以看作是一种标准独裁者博弈中的分配行为，因此作者假设代理人有着恒定的分配偏好（constant distributional preference），即：

$$\frac{3X-Y}{100-X+Y}=\frac{100-DG\text{give}}{DG\text{give}}$$

解得：

$$Y=\frac{2\mathrm{X}\times DG\text{give}}{100}+DG\text{give}+\mathrm{X}-100$$

$$\frac{Y}{3X}=\left(\frac{2X\times DG\text{give}}{300X}\right)+\frac{DG\text{give}+X-100}{3X}$$

根据上式，委托人关于代理人返还率（Y/3X）的期望有可能是负的，但是被试在博弈中并不能选择 Y，

因此，委托人期望的返还率为

$$E\ (Y/3X)=\max\left\{\left(\frac{2X\times DG\text{give}}{300X}\right)+\frac{DG\text{give}+X-100}{3X}\ ,\ 0\right\}$$

阿什拉夫等的实验发现，在控制了一系列个体变量（如风险态度偏好、信任态度等）之后，被试的信任投资行为与其对于对方返还率的预期和自身的利他偏好均显著相关，其中被试对于对方返还率的期望对其信任度有着很强的解释力。代理人的可信任返还行为则受到了被试利他偏好的显著影响，而互惠偏好对于代理人可信任度的解释力较弱。该研究的不足在于信任博弈中博弈双方的初始禀赋不均等可能给实验结果带来不公平厌恶偏好的影响，而且被试内设计潜在的任务之间的相互干扰因素也可能会影响该实验结果的稳健性。

2.5.3　背叛规避模型

博内特和泽克豪瑟（Bohnet & Zeckhauser，2004）最早提出了背叛规避的概念。他们的实验发现在面对自然风险和社会风险时，人们往往更愿意参加由电脑扮演代理人的风险博弈，而不愿意参加由其他人扮演代理人的信任博弈。该实验用二元信任博弈[①]进行，其中委托人可以选择信任或者不信任。如果选择不信任，则博弈结束，

① 详见本章中“2.2 信任的测度方法”对二元信任博弈的介绍。

双方均获得初始禀赋 S。如果选择信任，则代理人有两个选项：向左选项的结果为委托人获得 B，代理人获得 C；向右选项的结果为委托人获得 G，代理人获得 H。在该二元信任博弈中需要满足 $G>S>B$，$C>H>S$ 的条件（图 2.3）。该实验假设，人们作为委托人时的信任投资如果遭受到代理人的背叛，会产生一种额外的、非现金收益损失（non-monetary loss）。该损失使得人们在面对人与人之间的信任博弈和人与电脑之间的风险博弈时，往往更加不愿意冒险去相信他人。假设一个被试的效用函数为冯·诺依曼－摩根斯坦效用函数（von Neumann-Morgenstern utility function），在该博弈中，作为委托人的被试选择信任，则会得到两个结果：好的结果（假设获得 G）和坏的结果（假设获得 B）。在该实验中，被试需要回答自己作为委托人时，代理人选择合作（即获得好的结果）的概率最低达到多少（设为 MAP）时才会愿意选择信任对方。假设委托人获得结果 S，G，B 的效用分别为 U_S，U_G，U_B。那么委托人的效用函数满足如下等式：

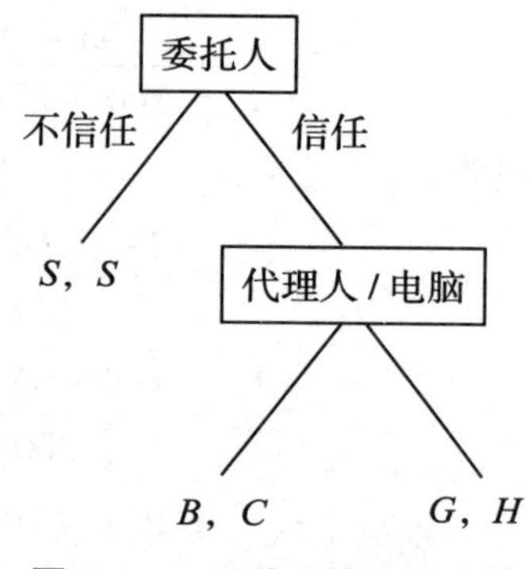

图 2.3 二元信任博弈贯序图

$$U_S = \text{MAP}\,(U_G) + (1-\text{MAP})\,U_B \Longrightarrow \text{MAP} = \frac{U_S - U_B}{U_S - U_B} \quad (1)$$

上式同时适用于标准信任博弈及测度风险的风险信任博弈（RD）（即由电脑扮演代理人角色的博弈实验）。

当风险信任博弈和标准信任博弈的收益相同时，则遭受对方背叛应该比遭受到电脑背叛的效用更低，这意味着存在背叛规避：

$$U_B\,(\text{Trust}) < U_B\,(\text{RD}),$$

上式中，U_B（Trust）为标准信任博弈中遭到背叛的效用，U_B（RD）为风险信任博弈中遭到背叛的效用。

式（1）中的 MAP 对 U_B 求导，

$$\frac{\mathrm{dMAP}}{\mathrm{dU}_B}=\frac{U_S-U_G}{(U_G-U_B)^2} \qquad (2)$$

由于 $U_S<U_G$，则 $\frac{\mathrm{dMAP}}{\mathrm{d}U_B}<0$，那么 MAP 是 U_B 的单调递减函数。因此，

$$U_B(\mathrm{Trust})<U_B(\mathrm{RD}),\ \mathrm{MAP}_{\mathrm{Trust}}>\mathrm{MAP}_{\mathrm{RD}}$$

上式中，$\mathrm{MAP}_{\mathrm{Trust}}$ 是标准信任博弈中的 MAP，$\mathrm{MAP}_{\mathrm{RD}}$ 是风险信任博弈中的 MAP。

博内特和泽克豪瑟（2004）的实验为被试间设计[①]。该实验发现人们在面对风险独裁者博弈和信任博弈时，参与前者的被试的 MAP 值要显著小于参与后者的被试的 MAP 值，这意味着与信任电脑相比，人们需要更高的获得返还的概率才会愿意信任对方，由此发现人们可能普遍存在着背叛规避。该实验首次提出了背叛规避的概念，并提供了切实可行的实验方法来测度人们的背叛规避偏好。但是博内特的研究也存在一定的不足：该实验将信任和风险都转化为概率进行分析和判断，这种设计有引导被试将信任行为简单地看作一种涉及概率的风险行为的嫌疑，因此可能带来实验者效应（experimenter effect）（Zizzo，2010）。此外，该实验采用的二元信任博弈存在着对信任度和可信任度的测度产生扭曲的问题（Schniter，Sheremeta & Shields，2013）。被试间设计存在的无法完全排除被试间个体差异的问题可能也会对实验结果产生影响。

2.5.4　内疚规避模型

阿塔纳西等（Attanasi，Battigalli & Manzoni，2015）将内疚规避（guilt aversion）引入到信任博弈代理人的效用函数中。内疚规避指的是在信任博弈中，代理人会试图规避导致委托人失望的行为（Charness & Dufwenberg，2006）。内疚规避模型中，假设 A 为委托

① 由于作者在预实验中用被试内设计发现风险独裁者博弈和信任博弈任务之间存在相互干扰的问题，导致不能够发现显著的背叛规避效应。因此在正式实验中采用了被试间设计。

人，B 为代理人。代理人的效用函数如下：

$$u_B = m_B - \theta_B \max\{0, E_A[m_A] - m_A\}$$

其中，m_A 是委托人的现金收益；m_B 是代理人的现金收益；

$\theta_B \geqslant 0$，代表代理人的内疚敏感度参数；

若 $E_A[m_A]$ 是委托人对于现金收益的期望，那么 $\max\{0, E_A[m_A] - m_A\}$ 测度的就是委托人对于代理人的失望程度。

二本杉刚等（Nihonsugi，Ihara & Haruno，2015）则将内疚规避和不公平厌恶偏好都纳入到代理人的效用函数中。在其二元信任博弈中，代理人 B 选择合作时双方的收益为（x_A，x_B），而选择背叛时双方的收益为（y_A，y_B）。代理人的效用函数如下：

$$u_B = \begin{cases} x_B - \alpha_B |x_A - x_B|，合作 \\ y_B - \gamma_B \times (\tau_A \times x_A - y_A) - \alpha_B | y_A - y_B |，背版 \end{cases}$$

其中，α_B 测度的是代理人对于不公平厌恶的敏感程度；$\tau_A \times x_A$ 是委托人 A 对于代理人返还额的期望，则 $(\tau_A \times x_A - y_A)$ 意味着期望与真实返还额之间的差距；γ_B 测度代理人对于内疚规避的敏感程度。

在该效用函数中，当 $y_B - \gamma_B \times (\tau_A \times x_A - y_A) < x_B$ 时，一名内疚规避的代理人就会选择合作。而一名完全自利的代理人，就意味着 $\alpha_B = \gamma_B = 0$。

该实验发现不公平厌恶和内疚规避均对代理人的行为产生显著影响。

该实验还结合功能核磁共振成像（fMRI）技术和经颅直流电刺激（tDCS）技术，发现了右侧大脑背外侧前额叶皮层（DLPFC）脑区与内疚规避之间的显著相关关系和因果联系。该实验同样存在二元信任博弈对信任度和可信任度的测度产生扭曲的问题。

第3章　信任行为理论假设检验

——来自行为实验的证据

在标准BDM信任博弈中，不论是委托人的信任投资行为还是代理人的可信任返还行为，均背离了新古典经济学理性人假设关于信任行为的理论预测和逻辑推断。在单次匿名信任博弈中，单次博弈和完全匿名性排除了声誉效应的干扰；博弈双方的初始禀赋完全相同排除了不公平厌恶偏好的干扰。因此，影响人们作为委托人时作出信任投资决策的主要原因只有：风险、互惠偏好和利他偏好。传统经济学家将信任看作是一种基于风险的理性计算，而大量的关于风险和信任的行为博弈实验发现，人们在做出信任决策和风险决策时的行为存在着十分显著的差异（Eckel & Wilson，2004；Fetchenhauer & Dunning，2009；Houser，Schunk & Winter，2010；Fetchenhauer & Dunning，2012）。当然在这些研究中，有少数的实验发现了信任与风险之间存在的正向相关关系（Schechter，2007；Qin，Shen & Meng，2011）。上述这些研究中存在着结论不一致的情况，可能是因为在这些实验中，测度风险的实验任务并不完全相同：一些实验是用风险量表，如埃克尔和威尔逊（2004）；一些实验是用修正的风险投资博弈（Houser，Schunk & Winter，2010）；另外一些实验则用赌博式博弈（gambling game）对风险进行测度（Schechter，2007；Qin，Shen & Meng，2011）。

新古典经济学家把信任看作是风险决策，而行为经济学家和实验经济学家则把信任解释为人们受到了社会偏好（包括利他偏好和互惠偏好）的影响。利他偏好是指人们会同时考虑自身的物质利益和他人的物质利益（Cox，2004）。互惠偏好是指经济个体付出一定的成本去报答他人的善意并报复他人的恶意。两者的区别在于利他是否是有条件的。大量的实验室实验发现了人们的信任度和可信任度均受到利他偏好和互惠偏好的影响（Smith，2003；Cox，2004；Ashraf，Bohnet & Piankov，2006）。在中国关于信任与利他偏好及互惠偏好的样本研究中，同样可能由于实验设计的不同而存在着结果上的不一致性（夏纪军，2005；陈叶烽，2009）。

因此，本章实验就"信任行为是否是一种基于风险的理性计算"以及"信任行为和可信任行为是否受到社会偏好的影响"这两个问题重新进行了行为实验上的验证。本章的实验具体采用 BDM 信任博弈、风险投资博弈、独裁者博弈和增值 3 倍的独裁者博弈来分别测度被试的信任度和可信任度、风险偏好、作为代理人的利他偏好和作为委托人的利他偏好，从而进一步验证风险与信任的相关性，讨论利他偏好对信任度、可信任度的影响。

我们得到的主要实验结论如下：被试的信任投资行为与风险投资行为之间不存在显著的相关关系。不论是在风险博弈中测得的风险偏好，还是在问卷调查中测得的被试自我汇报的风险偏好均无法解释被试在信任博弈中的信任度。问卷调查中测得的被试自我汇报式的风险偏好与其风险投资中的行为显著相关。该实验结果重新证明了信任行为并不是基于风险的理性计算。

被试的信任投资行为和可信任返还行为均显著受到了利他偏好的影响，而且信任投资行为与互惠偏好也呈现显著的相关关系。其中互惠偏好的相关系数要大于利他偏好的相关系数，说明信任行为更多地受到了互惠偏好的影响。本实验验证了在单次匿名信任博弈中，利他偏好更强的被试往往信任度更高，可信赖度也更高。本实验给社会偏好理论提供了新的行为实验证据。

3.1　文献回顾：信任行为、风险与利他偏好的行为实验

关于信任博弈中委托人的行为是否是一种风险投资行为的争议由来已久，且在学术界尚未有统一的定论。许多研究信任问题的经济学者认为信任博弈在本质上等同于风险投资博弈，是一种基于风险的理性计算。然而，埃克尔和威尔逊的实验中发现了各风险态度量表测度的风险与被试在信任博弈中的信任投资行为无显著关系（Eckel & Wilson，2004）。豪斯等（Houser，Schunk & Winter，2006）的实验同样发现信任与风险之间没有相关性。豪斯等设计了两个实验局：实验局 A 中的被试需要完成标准的 BDM 信任博弈；实验局 B 中的被试需要在一个模拟 BDM 信任博弈的风险博弈中作为委托人作出投资决策。实验局 B 中的代理人是电脑，而返还策略是电脑按照之前实验中获得的代理人真实返还额决策的概率分布图随机决策。因此在豪斯的实验设计中，两个实验局的回报期望是完全相同的。实验者分析了人们面对电脑和面对他人时的行为决策，发现人们面对电脑时的决策与自身的风险态度相关；而当面对他人时，其信任决策和自身的风险态度无关。因此，豪斯得出结论：信任行为与风险决策行为存在着明显差异。芬奇豪尔和邓宁也对该问题开展了研究，他们假设信任是一种类似风险的理性计算，那么该论断成立的必要条件是信任应该随着投资回报率的改变而改变：回报率高，则信任度高；回报率低，则信任度低。但是实验结果发现，面对高回报率和低回报率（80% 和 46%）的风险投资决策时，选择投资的比例分别为 77.5% 和 28.6%；而当面对相同的高返还率和低返还率的信任决策时，选择信任的比例分别为 70.0% 和 54.3%，并不如风险投资行为那样呈现显著的变化。信任决策中人的行为明显偏离了风险决策中采取的期望效用最大化的策略（Fetchenhauer & Dunning，

2012），证明了信任行为不能完全等同于人们的风险决策行为。大量信任博弈实验的结果显示，信任行为不存在正的投资回报，且信任行为与实验设计中回报率的变化无关。

当然也有少数实验证据证明人们的信任投资行为与其自身的风险偏好相关。如格伦·库克和罗宾·库珀（2003）（用囚徒困境博弈）和谢克特（Schechter，2007）（用信任博弈）的实验发现风险偏好是信任中一个非常重要的因素，秦向东等在中国上海的实验也测到信任度和被试的风险偏好之间存在显著的正向相关性（Qin，Shen & Meng，2011）。不过谢克特（2007）和秦向东等（Qin，Shen & Meng，2011）的实验中用的风险测度方法均是“掷骰子”。李建标和李朝阳（2013）关于信任与风险相关性的研究发现信任投资额与风险态度变量存在着一定的显著相关性，但是这种相关性依赖于不同的风险情境（只在损失框架下显著）。

研究信任与风险相关性的实验结果由于实验任务不同，被试的异质性等因素呈现出结论上的不一致性。本章节通过一个行为实验对该问题重新进行验证。在本实验中，我们采用了豪斯等（Houser，Schunk & Winter，2010）的实验设计。在豪斯等的实验设计中有信任博弈和风险投资博弈两个实验局，风险投资博弈实验局在博弈形式上与信任博弈完全一致，这增加了博弈实验局之间的可比性。两者之间唯一的差异：在信任博弈中，代理人的返还行为由其他被试作出；而在风险投资博弈中，由电脑扮演代理人的角色随机决定返还给作为委托人的被试多少筹码。与豪斯等的实验中采用的被试间设计不同，在本章的研究中我们采用了被试内设计，可以有效地避免被试间设计存在的个体异质性差异对实验结果产生的影响。

社会偏好理论认为，人们的信任投资行为并不是完全的自利行为。委托人在考虑自身收益的同时，代理人获得的收益同样会对委托人的行为产生影响；而代理人的行为也会显著受到社会偏好的影响。史密斯（Smith，2003）和考克斯（Cox，2004）的实验结果均显示利他偏好在信任投资行为中扮演了重要角色，其中考克斯设计的是一个三合一的实验。从博弈形式上来看，如果取消代理人的返还决策，BDM 博弈完全可以看作是一个增值三倍的独裁者博弈实验，而加上代理人返还决策过程，则变成一个标准的信任博弈实验；而从代理人的角度来看，其返还决策行为在形式上就是一个标准的独裁者博弈实验。这种博弈结构上的相似性增加了两者之间的可比性，从而能够测度信任博弈中博弈双方的利他偏好。

考克斯设计的增值三倍的独裁者博弈实验能够在保持变量参数不变的情况下测得委托人的利他偏好。实验结果表明被试的信任度和可信任度均显著受到利他偏好的影响，其中信任度受到了利他偏好和互惠动机的共同作用。与考克斯的实验不同的是，阿什拉夫等（Ashraf，Bohnet & Piankov，2006）在其基础上设计了被试内实验，利用增值三倍的独裁者博弈测度委托人的利他偏好，用标准的独裁者博弈测度代理人的利他偏好。实验结果发现在控制了个体风险偏好的情况下，信任投资行为和信任返还行为均显著受到了互惠偏好和利他偏好的影响。而各国不同的被试样本数据均显示除了互惠偏好以外，涉他偏好均影响人们之间的信任度（Holm & Danielson，2005；Johansson-Stenman et al.，2013）。即使当委托人对于对方行为的期望和最终获得的收益均无显著改变时，委托人是否已被指定了代理人也会显著影响其信任行为（Dunning，Fetchenhauer & Schlösser，2012）。人们面对假设性问题和已经开始实际博弈实验时相比，选择信任的比例也呈现出显著的不同（Fetchenhauer & Dunning，2009）。这些实验结果都证明了利他偏好能够正向增加委托人的信任投资额。

在中国被试的信任研究中，夏纪军（2005）在北京大学的实验数据分析发现被试的信任投资行为和返还行为均显著受到了利他偏好的影响，而陈叶烽（2009）用 10 轮次完全匿名陌生人搭配的信任博弈实验发现了信任投资额并不受利他偏好影响，而可信任返还额显著受到利他偏好的影响。在上述实验中，夏纪军的实验样本量过少（20 名被试），而陈叶烽的实验使用了多轮次的信任博弈。虽然陈叶烽的实验设计中采用完全匿名的形式排除了可能存在的声誉效应，但是实验中存在的学习效应和每轮次之间的博弈结果可能带来的相互干扰仍然可能对实验结果产生潜在的影响。

因此，本章实验回归到阿什拉夫等（Ashraf，Bohnet & Piankov，2006）的三合一实验设计，采用单次匿名被试内的博弈实验来验证信任投资行为和可信任返还行为是否受到利他偏好、互惠偏好的显著影响。单次匿名的实验设计能够有效避免声誉效应以及多轮次实验对结果的干扰。本章的实验具体采用BDM信任博弈、标准独裁者博弈和增值三倍的独裁者博弈分别测度被试的信任度和可信任度、作为代理人的利他偏好和作为委托人的利他偏好来检验利他偏好对信任度、可信任度的影响。

3.2 信任、风险与利他偏好行为实验设计

本实验为实验室行为实验，实验目的是对于信任博弈中被试的行为决策是否符合新古典经济学对于理性自利人假设的推断进行检验，同时验证风险偏好与利他偏好分别与信任度和可信任度之间的相关关系。实验借鉴了阿什拉夫等（2006）的三合一实验设计，在其基础上加入风险投资博弈测度被试的风险偏好水平。本研究具体采用BDM信任博弈、风险投资博弈、标准独裁者博弈和增值3倍的独裁者博弈测度被试的信任度和可信任度、风险偏好、作为代理人的利他偏好和作为委托人的利他偏好。本实验设计为被试内设计，以上四个博弈实验中的每个博弈均只进行一次。所有的实验任务均用z-Tree编程（Fischbacher，2007），被试全程需要在电脑上操作完成实验任务。

实验被试在进入实验室后需要随机抽取一份实验说明及注意事项[①]，然后按照实验说明上的标号坐到标有相应编号的计算机位置上。

① 实验说明详请见附录二。

每个计算机位置上有一张草稿纸和一支笔供被试进行收益运算。在被试阅读完实验说明后，实验员会询问被试是否完全理解了实验说明上关于收益情况的具体运算规则，如有被试对实验说明的内容存在疑问都可以举手示意，实验员会马上私下解答被试提出的疑问。在正式开始实验之前，所有的被试将会被告知整个实验过程的匿名性：被试的所有操作都是匿名的，在实验中被试的具体决策和个人信息都将严格保密，仅作为科研目的使用，且整个实验过程中不会记录被试的真实姓名和学号。在被试完成所有实验后，实验员会按照计算机编号将装有报酬的信封私下交给被试，其他被试将无法知晓该被试的具体收益情况。

本实验，中被试总共需要完成 5 个实验任务：首先分别完成 4 个博弈实验，包括信任博弈、风险投资博弈、独裁者博弈和增值 3 倍的独裁者博弈；最后需要完成一份调查问卷（详见附录三）。

博弈任务一：信任博弈实验

第一个实验任务为标准的 BDM 信任博弈，测度被试的信任度和可信任度。在信任博弈中，每两名被试将会被随机配对，两人分别扮演委托人和代理人[①]。信任博弈一开始，两人都将获得相同数额的初始禀赋（如均获得 10 个筹码）。信任博弈为贯序博弈，分两个步骤：步骤一、先由委托人进行决策，他先决定将手中 10 个筹码中的多少转移给代理人（假设转移额为 X 个筹码），当委托人完成决策后，该转移额将会乘上 3 倍（$3X$）交到代理人手中；步骤二、此时代理人需要决定将 3 倍的转移额中的多少返还给委托人（假设返还额为 Y 个筹码）。博弈结束，委托人获得（$10-X+Y$）个筹码，而代理人获得（$10+3X-Y$）个筹码。

信任博弈任务中，被试首先需要完成两道控制性问题以确保被

① 在正式实验中，委托人被称作“角色 A”，代理人被称作“角色 B”，实验中不会出现“信任”“利他”“独裁者”等可能带有情感色彩或者道德义务感的文字或语言描述，避免对被试的行为产生影响。

试完全正确理解了实验任务内容，并能够准确计算出双方在该任务中的收益情况。在正式实验任务中，我们采用每个被试分别扮演委托人和代理人两种角色的设计，这种角色互换（role reverse）的设计已经被证实是有效的（Brandts & Charness，2011；Charness & Rabin，2002）。每名被试需要完成如下三个实验步骤：

（1）扮演委托人的角色作出信任投资决策；

（2）在每一种投资额的情况下，预期对方作为代理人时可能会返还多少（测度对于返还额的期望），当该预期数额与真实返还额的差值小于等于 1 时，被试会得到额外的 1 个筹码的奖励[①]；

（3）扮演代理人的角色，在每一种可能的投资额情况下分别作出选择返还多少数额给委托人（图 3.1）。

这种策略性实验设计的有效性已经经过了前人实验的验证（Brandts & Charness，2000；Ashraf，Bohnet & Piankov，2006）。

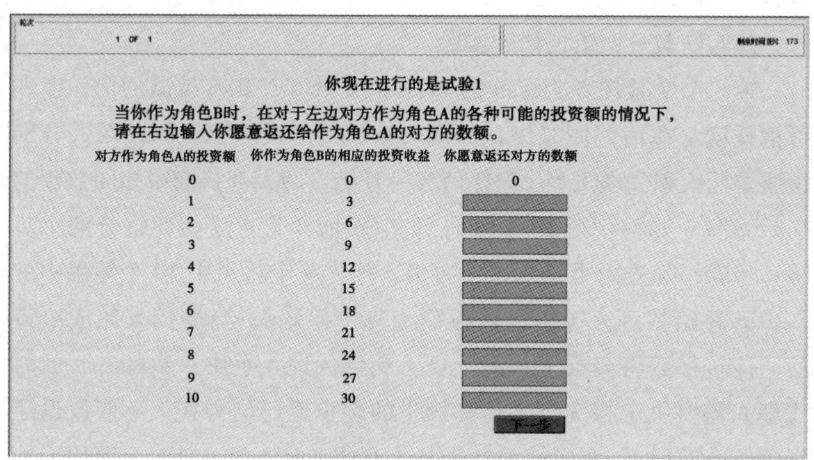

图 3.1　被试作为代理人时的操作界面

被试需要在右侧一列中分别输入对方作为委托人（角色 A）时，在各种可能的信任投资额情况下，自己扮演代理人角色（角色 B）

① 该设计是为了给被试以现金激励，让被试能够表达自己的真实想法和预期。

时愿意返还给对方多少数额的筹码。

在实验正式开始前，被试即被告知该实验任务只进行一次。收益决定规则如下：每名被试将与另外一名被试进行随机配对（在 z-tree 中可以通过程序设置实现），然后由电脑随机决定谁扮演委托人，谁扮演代理人。被试在该实验任务中的收益由其自身在实验中的决策和最终电脑程序的随机配对与随机指定的角色共同决定。

博弈任务二：风险投资实验

第二个实验任务为风险投资实验，采用了豪斯等（2010）的设计。在风险投资实验中同样有两个角色：投资者（investor）和中介者（mediator）。投资者首先要考虑将初始禀赋中的多少筹码进行投资，而该投资数额将会乘以 3 倍交给中介者。然后由中介者决定将 3 倍投资额中的多少返还给投资者。与信任博弈不同的是，在该实验任务中，所有的被试均扮演投资者的角色，而由电脑扮演中介者的角色。例如投资人的投资额为 X，而中介者选择的返还额为 Y，则投资者最终获得（$10-X+Y$）个筹码，而中介者获得（$10+3X-Y$）个筹码。其中 Y 是由电脑按照均匀分布的概率从 0—3X 之间随机抽取的整数。

在开始风险投资实验任务之前，被试需要完成一道控制性问题以确保被试完全正确理解了实验任务内容，并能够准确计算出双方在该任务中的收益情况。在正式实验任务中，被试需要扮演投资者角色作出投资决策。在该实验任务中，被试不需要对电脑的行为作出预测，因为电脑的决策为随机程序，符合均匀分布，期望为投资额的 1.5 倍。同样的，在该任务正式开始前，被试即被告知该实验任务只进行一次。收益决定规则如下：被试在该实验任务中的收益由其自身在实验中的决策和最终电脑的随机决策共同决定（电脑的决策通过 z-tree 程序实现，将随机从 1 到 3 倍的投资额之间抽取一个整数作为返还数额）。

博弈任务三：独裁者博弈实验

第三个实验任务是标准的独裁者博弈，目的是测度被试作为代理人的利他偏好（Forsythe et al.，1994）。在独裁者实验中同样有 2 种角色：独裁者（Dictator）和接受者（Accepter）。扮演独裁者的被试需要在自己和随机配对的对方之间分配一定数额的初始禀赋（如 10 个筹码），而接受者则不需要有具体的决策，只能接受对方的分配方案。假设作为独裁者的被试分配给对方 X，则独裁者获得 $10-X$，而接受者获得 X。

在开始独裁者博弈任务之前，被试需要完成一道控制性问题以确保被试完全正确理解了实验任务内容，并能够准确计算出双方在该任务中的收益情况。在正式实验任务中，被试需要完成如下 2 个实验步骤：

（1）扮演独裁者角色作出决策；

（2）预期对方扮演独裁者角色时愿意分配多少筹码给接受者（测度对于对方利他偏好的期望），当该预测数额与真实返还额的差值小于等于 1 时，被试会得到额外的 1 个筹码的奖励。

在该任务正式开始前，被试即被告知该实验任务只进行一次。收益决定规则如下：每名被试将由电脑与另外一名被试进行随机配对，然后由电脑随机决定谁扮演独裁者，谁扮演接受者。被试在该实验任务中的收益由其自身在实验中的决策和最终电脑的随机配对与随机指定的角色共同决定。

博弈任务四：增值 3 倍的独裁者博弈实验

我们在实验中采用了增值 3 倍的独裁者博弈来测度作为委托人的利他偏好（Ashraf，Bohnet & Piankov，2006）。增值 3 倍的独裁者博弈和标准独裁者博弈基本一致，同样分为独裁者和接受者。接受者不需要有具体的决策，只能接受对方的分配方案。两种博弈唯一的区别在于，增值 3 倍的独裁者博弈中，独裁者分配给对方的每一个筹码将会乘以 3 倍交给接受者。假设作为独裁者的被试分配给对

方 X，则独裁者获得 $10-X$，而接受者获得 $3X$。

在开始增值 3 倍的独裁者博弈任务之前，被试需要完成一道控制性问题以确保被试完全正确理解了实验任务内容，并能够准确计算出双方在该任务中的收益情况。在正式实验任务中，被试同样需要完成如下 2 个实验步骤：

（1）扮演独裁者角色作出决策；

（2）预期对方扮演独裁者角色时愿意分配多少筹码给接受者[①]，当该预测数额与真实返还额的差值小于等于 1 时，被试会得到额外的 1 个筹码的奖励。

在该任务正式开始前，被试即被告知该实验任务只进行一次。收益决定规则如下：每名被试将由电脑与另外一名被试进行随机配对，然后由电脑随机决定谁扮演独裁者，谁扮演接受者。被试在该实验任务中的收益由其自身在实验中的决策和最终电脑的随机配对与随机指定的角色共同决定。

在所有的被试完成上述四个实验任务以后，每名被试将完成一份调查问卷。然后实验员将在电脑上给被试呈现其在每个实验任务中扮演的角色及获得的收益情况。实验中的筹码与人民币的兑换比例为 1∶1，被试获得的总收入为四个实验任务中获得的筹码数加上额外的 10 元出场费。

为了排除不同任务之间可能存在的相互干扰，即有可能存在的顺序效应（order effect），我们设计了两种不同的顺序：

顺序一：信任博弈——风险投资博弈——独裁者博弈——增值 3 倍的独裁者博弈；

顺序二：风险投资博弈——增值 3 倍的独裁者博弈——独裁者博弈——信任博弈。

我们随机安排一半的被试参加实验的顺序为顺序一，而另外一半的被试参加实验的顺序为顺序二。

---

① 在实验程序中，我们特意注明此处填写的数额为未乘以 3 倍的数额，即预期对方初始给出的转移额，以避免一些被试由于理解错误在此处填写乘以 3 倍之后的数额。

3.3 信任、风险与利他偏好行为实验结果

我们在浙江大学紫金港校区招募了 62 名大学生被试参加了我们的实验，其中有效被试 60 名[①]（平均年龄为 21.87 岁，年龄跨度为 18—28 岁；女性被试 30 人）。被试的专业涵盖了人文社科、理科、工科、农学、医学、生物学等各个学科。被试全部都在浙江大学校内论坛 CC98[②] 上招募，被试全部为自愿报名并利用空闲时间来参加实验，实验地点为浙江大学紫金港校区月牙楼经济实验教学中心。整个实验从被试进入实验室到拿到现金报酬后离开实验室，全程持续大约 40 分钟，被试人均获得约 38.8 元人民币作为实验报酬。

在信任博弈实验中，被试在扮演委托人角色时的信任投资额测度的是被试的信任度，而在扮演代理人角色时的信任返还额测度的是被试的可信任度。由于更大的返还额绝对值往往对应对方更高的投资水平，因此在相同投资水平下的返还额才能代表代理人的可信任程度，也才具有可比性。因此，我们用返还率——返还额占 3 倍信任投资额的比例（$\frac{Y}{3X}$，记为 Ratio）来对可信任度这一数据进行标准化。信任投资额测度信任度，返还率测度可信任度，风险投资博弈中的投资额测度被试的风险偏好，标准独裁者博弈中的分配额（DGgive）测度代理人的利他偏好，增值 3 倍的独裁者博弈中的分配额（TDGgive）。测度委托人的利他偏好

首先，我们验证了不同的实验顺序是否会对被试数据产生影响——即实验中是否存在顺序效应。t 检验显示信任度、可信任度、风险偏好、委托人利他偏好、代理人利他偏好均没有显著差异（trust：$t(58)=0.554$，$p=0.582$；Ratio：$t(58)=1.732$，$p=0.089$；risk：$t(58)=-0.962$，$p=0.340$；TDGgive：$t(58)=-0.504$，$p=0.616$；DGgive：$t(58)=0.938$，$p=0.352$，独立样本 t 检验）。

---

① 其中有 2 名被试由于无法通过控制性测试问题而未采用其行为实验数据。

② 被试招募公告见：http：//mypage.zju.edu.cn/attachments/2014-12/07-1417528740-681622.jpg。

结论一：4 个博弈实验中的行为数据结果均背离了自利人收益最大化行为假设。

信任博弈中，根据“自利人收益最大化行为假设”（self-interested material payoff-maximizing actor）（Henrich et al.，2001）的理论推断，代理人的子博弈精炼解是返还额为零。根据动态博弈的逆向归纳法，如果委托人推断到代理人的最优策略是返还额为零，则其最优策略就是选择信任投资额为零。在本实验中，信任博弈中委托人的平均投资额为 5.70 个筹码，扮演代理人角色时的平均返还比例为 47.5%，均显著不为零（trust：$t(59)=15.871$，$p<0.001$；Ratio：$t(59)=21.981$，$p<0.001$）。

风险博弈实验中，“自利人收益最大化行为假设”推断被试的投资额为 10 个筹码，本实验中的平均风险投资额为 6.43 个筹码，显著小于 10（$t(59)=-10.297$，$p<0.001$）。在标准独裁者博弈和增值 3 倍的独裁者博弈中，“自利人收益最大化行为假设”的纳什均衡解均是独裁者给对方的分配额为零。在本实验中，标准独裁者博弈中的平均分配额为 2.55 个筹码，增值 3 倍的独裁者博弈中的平均分配额为 2.83 个筹码，均显著不为零（DGgive：$t(59)=9.579$，$p<0.001$；TDGgive：$t(59)=8.621$，$p<0.001$）（各博弈实验的被试行为分布图见图 3.2）。

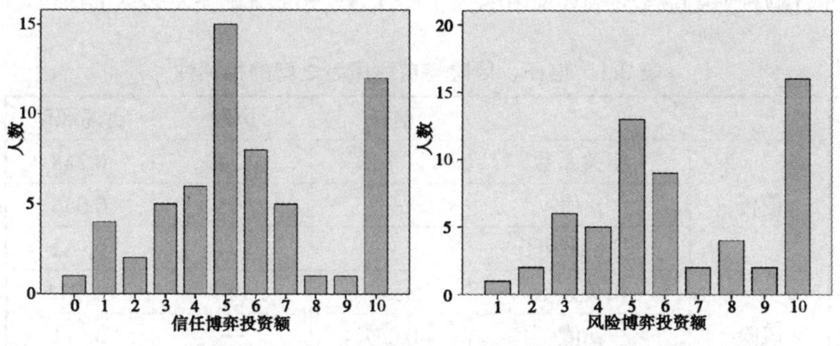

图 3.2　四个博弈实验中各变量的人数分布

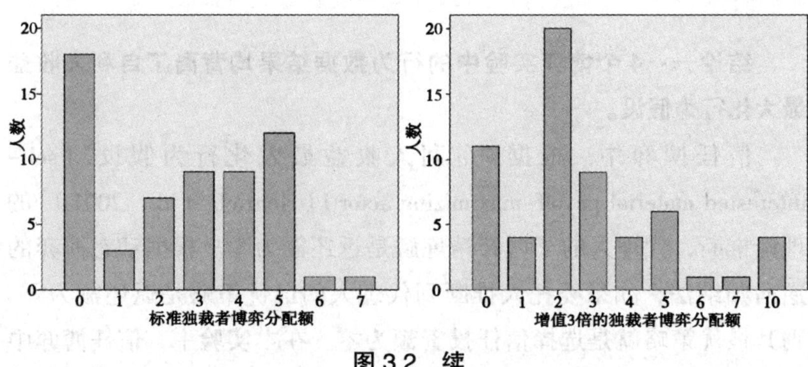

图 3.2　续

因此我们可以得出结论：与行为经济学和实验经济学行为实验中得到的结果一致，本行为实验研究中的 4 个博弈实验，包括亲社会博弈和风险博弈实验的结果均背离了“自利人收益最大化行为假设”理论。

结论二：被试的信任投资与风险投资之间的相关性不显著，计量回归分析发现信任行为无法用风险决策行为进行解释。

我们验证了信任投资额与风险投资额的相关关系，发现两者之间的相关性不显著（相关系数 $= 0.247$，$p = 0.057$）（Pearson）。此外，我们还比较了调查问卷中获得的被试自述风险（selfrisk）偏好信息和被试的信任投资额与风险投资额之间的相关性，发现自述风险偏好与风险投资额显著相关，但与信任投资额无关（表 3.1）。

表 3.1　信任、风险与自述风险之间的相关性

		信任	风险	自述风险
信任	相关系数	1	0.247	0.248
	p 值	—	0.057	0.056
	贝叶斯因子	—	0.944	0.962
风险	相关系数	0.247	1	0.327*
	p 值	0.057	—	0.011
	贝叶斯因子	0.944	—	3.888

续表

		信任	风险	自述风险
自述风险	相关系数	0.248	0.327*	1
	p 值	0.056	0.011	—
	贝叶斯因子	0.962	3.888	—

注：* 代表 $p < 0.05$，** 代表 $p < 0.01$，*** 代表 $p < 0.001$ 显著水平。

为了检验被试在风险投资实验中的投资额是否可以解释其在信任博弈实验中的信任投资水平，我们将信任投资额作为被解释变量，用风险投资额或自述风险偏好作为解释变量，同时控制了被试的性别、年龄、是否兼职、家庭年收入及是否有参加过类似实验等变量做了 *OLS* 回归检验（表 3.2）。结果印证了之前的结论：信任不能用风险投资或个体风险偏好进行解释。

表 3.2　信任博弈投资额的风险偏好检验

解释变量	被解释变量：trust（信任度）	
	模型 1	模型 2
risk（风险投资额）	0.168（0.142）	—
selfrisk（自述风险）	—	0.279（0.451）
gender（性别）	1.792**（0.731）	1.804**（0.806）
age（年龄）	0.0136（0.157）	–0.0308（0.160）
part–time job（兼职）	0.686（1.658）	0.289（1.629）
experience（参与类似实验的经历）	–0.365（0.732）	–0.382（0.740）
f_income（家庭收入）	0.0313（0.212）	0.0127（0.220）
_cons	2.943（4.316）	4.658（4.035）
$R2$	0.167	0.151
F 统计量	1.76	1.57
N	60	60

注：括号中的值均为标准误差，***、** 和 * 分别表示在 1%、5% 和 10% 的统计水平上显著。

结论三：被试的信任投资与利他偏好及互惠偏好之间存在显著相关性，计量回归分析发现信任行为可以用利他偏好和互惠偏好进行解释。

我们将被试作为委托人时对于代理人返还额的预期设为 Exp（Y），则委托人对于每单位投资可能获得的返还额的期望为 Exp（$\frac{Y}{3X}$）（测度互惠偏好）。我们验证了信任投资额与 Exp（$\frac{Y}{3X}$）及 TDGgive 之间的相关关系，发现信任投资额与期望以及利他偏好之间均存在显著的正向相关关系（表 3.3）。

表 3.3　信任与返还期望、利他偏好之间的相关性

		信任	利他	期望
信任	相关系数	1	0.436***	0.425***
	p 值	—	0.001	0.001
	贝叶斯因子	—	59.13	43.19
利他	相关系数	0.436***	1	0.174
	p 值	0.001	—	0.184
	贝叶斯因子	59.13	—	0.382
期望	相关系数	0.425***	0.174	1
	p 值	0.001	0.184	—
	贝叶斯因子	43.19	0.382	—

注：* 代表 $p < 0.05$，** 代表 $p < 0.01$，*** 代表 $p < 0.001$ 显著水平。

为了检验被试在增值 3 倍的独裁者博弈中的分配额（TDGgive）是否可以解释在信任博弈实验中的信任投资额，我们将信任投资额作为被解释变量，被试利他偏好（TDGgive）和被试互惠偏好（Exp）作为解释变量，同时控制了被试的性别、年龄、自述风险偏好、是否兼职、家庭年收入及是否参加过类似实验等变量做了 *OLS* 回归检验。计量分析发现了稳健的显著性结果：信任可以用利他偏好和互惠偏好这两个变量进行解释，而且互惠偏好的相关系数达到了 7.189，说明信任投资决策同时受到了利他偏好和互惠偏好的影响，且互惠偏好的影响要大于利他偏好的影响（表 3.4）。

计量回归模型为：

$$\text{Trust} = \alpha + \beta \times \text{Exp} + \gamma \times \text{TDGgive} + \delta \times \text{controls}$$

其中的控制变量包括自述风险（selfrisk）、性别（gender）、年龄（age）、是否兼职（part-time job）、参与类似实验的经历（experience）和家庭收入情况（f_income）。

表 3.4　信任博弈投资额的社会偏好检验

解释变量	被解释变量：Trust（信任度）		
	模型 1	模型 2	模型 3
TDGgive（利他偏好）	0.314** （0.134）	0.298** （0.135）	0.315** （0.126）
Exp（互惠偏好）	7.189*** （2.138）	7.581*** （2.167）	7.328*** （2.037）
selfrisk（自述风险）		0.415 （0.392）	0.399 （0.362）
gender（性别）	1.408** （0.647）	1.074 （0.719）	1.038 （0.696）
age（年龄）	-0.120 （0.136）	-0.148 （0.139）	-0.140 （0.132）
part-time job（兼职）	-0.0703 （1.415）	0.0965 （1.422）	
experience（参与类似实验的经历）	-0.404 （0.642）	-0.376 （0.642）	
f_income（家庭收入）	-0.000656 （0.188）	-0.0609 （0.196）	
_cons	3.501 （3.488）	2.964 （3.521）	2.615 （3.010）
R2	0.391	0.404	0.400
F 统计量	4.77	4.33	7.19
N	60	60	60

注：括号中的值均为经过异方差调整的稳健性标准误差，***、** 和 * 分别表示在 1%、5% 和 10% 的统计水平上显著。

结论四：被试的可信任程度（Ratio）与信任投资额（trust）及利他偏好（DGgive）之间存在显著相关性，计量回归分析发现可信任程度受到利他偏好的显著影响。

我们验证了被试扮演代理人角色时的可信任返还率与利他偏好之间的相关关系，发现可信任返还率与利他偏好之间存在显著的正向相关关系（相关系数为 0.304，$p = 0.018$）（Pearson）。我们将可信任程度（Ratio）作为被解释变量，利他偏好（DGgive）作为解释变量，同时控制性别、年龄、自述风险偏好、是否兼职、家庭年收入及是否有参加类似实验的经历等变量做了 OLS 回归检验，发现利他偏好能够解释被试的可信任程度（表 3.5）。

计量回归模型为：

$$\text{Ratio} = \alpha + \beta \times \text{DGgive} + \delta \times \text{controls}$$

其中的控制变量包括自述风险（selfrisk）、性别（gender）、年龄（age）、是否兼职（part-time job）、是否有参与类似实验的经历（experience）和家庭年收入情况（f_income）。

表 3.5　信任博弈可信任程度的利他偏好检验

解释变量	被解释变量：Ratio（可信任程度）
DGgive（利他偏好）	0.0230**（0.0106）
selfrisk（自述风险）	–0.0116（0.0275）
gender（性别）	0.0307（0.0491）
age（年龄）	0.0202**（0.00958）
part–time job（兼职）	0.0209（0.0975）
experience（参与类似实验的经历）	–0.00422（0.0447）
f_income（家庭年收入）	0.0166（0.0132）
_cons	–0.0751（0.242）
R2	0.177
F 统计量	1.60
N	60

注：括号中的值均为经过异方差调整的稳健性标准误差，***、** 和 * 分别表示在 1%、5% 和 10% 的统计水平上显著。

结论五：被试自身的行为之间存在内在一致性，包括：被试的信任度与自身的可信任度存在正向相关关系；被试分别在标准独裁者博弈和增值 3 倍的独裁者博弈中的分配额与其自身对对方扮演独裁者时的分配额预期之间均存在显著相关性。

实验数据分析结果发现被试的行为之间存在着内在一致性。三对变量之间都表现出高度一致性：信任度与可信任度之间存在显著相关性（相关系数为 0.421，$p = 0.001$）（Pearson），独裁者博弈中的分配额与期望显著相关（相关系数为 0.882，$p < 0.001$）（Pearson），增值 3 倍的独裁者博弈中的分配额与期望也显著正相关（相关系数为 0.687，$p < 0.001$）（Pearson）。该结果证明了更加信任他人的人，往往也更加值得信任；而更加利他的人，往往也更加期望对方表现出相似的利他行为。

结论六：被试的行为中不存在背叛规避。

为了验证被试的行为中是否表现出背叛规避，我们将被试在风险博弈实验中的风险投资额减去其在信任博弈中的信任投资额（risk − trust），该差值即被试面对自然风险和面对社会风险时表现出的差异。BDM 信任博弈和风险投资实验的不同点在于前者面对的是他人有可能背叛自己的社会风险，如果该差值（risk − trust）显著大于零，则证明人们普遍存在背叛规避：即面对自然风险时的投资要比面对社会风险时的投资更多，两者间有一个“风险溢价”。数据分析结果显示人们在风险投资实验中的投资额确实要高于信任博弈中的投资额（平均多投资 0.73 个筹码），但是背叛规避在本实验中不显著（$t(59) = 1.694$，$p = 0.096$）。博内特和泽克豪瑟在 2004 年及其 2008 年发表的研究论文中首次提出了背叛规避的概念。博内特等设计的实验用 MAP 作为变量分别测度人们在风险独裁者实验和信任博弈中愿意信任对方或者信任电脑的差异程度。由于博内特等的实验采用了被试写下最低可接受概率的形式进行测度，与本研究的实验方法存在很大的区别，因此实验结果上的不一致可能是由实验任务和方法上的差异引起的。

在本章的实验中，我们通过被试内设计、匿名单次博弈进行了四个博弈实验，分别测度被试的信任度和可信任度、风险偏好、代理人角色利他偏好和委托人角色利他偏好，并通过问卷调查获得了被试的各项个人信息数据，通过计量回归模型重新检验了以下两个问题："信任是否受到风险偏好的影响"和"信任投资行为和可信任返还行为是否受到社会偏好的影响"。我们的实验结果发现了如下主要结论：

一、本章实验室实验中的四个博弈实验所获得的数据分析结果显示被试的行为均显著背离了"自利人收益最大化行为假设"，再一次验证了新古典经济学"自利理性人假设"可能需要进行适当修正和补充的必要性。本实验为社会偏好理论假说提供了行为数据上的证据支持，证明了社会偏好（如利他偏好和互惠偏好）会对人们在信任博弈决策中的行为产生显著的影响。

二、信任与风险之间的相关性不显著。信任投资额与风险投资额之间的相关关系不显著，而计量回归模型表明不能用被试在风险投资博弈中测得的风险偏好来解释被试在信任博弈中的投资行为。该结果表明信任决策与风险决策可能是人们面对两种类型的不确定性表现出不同的冒险决策行为，这两种行为的驱动因素很可能存在着某种差异。本实验为"信任并非类似于风险的理性计算"这一论点提供了新的实证依据。

三、本章的实验室实验结果发现不论是人们的信任投资行为，还是可信任返还行为均显著受到利他偏好和互惠偏好的影响。陈叶烽（2009）的实验并没有发现利他偏好对信任度的显著影响，我们与陈叶烽（2009）的实验结果与之间存在差异可以归结为两者实验任务的不同：本章实验使用的是单次匿名博弈，而陈叶烽的实验（2009）用的是多次匿名博弈。多次博弈的实验设计可能会由于实验任务间的干扰（例如被试可能会遭遇多次背叛）挤出了利他偏好的影响。本章实验还发现信任度与被试对于对方返还额的预期显著正相关，说明被试的信任投资行为更多地受到了互惠偏好的影响，这也与之前国内外文献得到的结论一致。此外可信任返还行为与利他偏好之间存在着显著的正向相关关系的结论也再次验证了利他偏好在人类亲社会行为中扮演的关键角色。

四、行为实验结果表明人们自身行为之间、行为与预期之间存在着一定的一致性。被试信任度和可信任度之间存在着正向相关关系表明值得信赖的人往往也更愿意相信他人；人们对于他人的期望与自己处于对方位置的行为之间呈现出一定的相关性，说明人们的行为可能是基于对对方的期望的预期。

第 4 章　信任行为不是理性计算

——来自神经实验的证据

信任在人们日常经济活动和社会发展中起着关键的促进作用（Zak & Knack，2001；Guiso，Sapienza & Zingales，2004）。经济学家们关于信任的本质属性的讨论一直未曾停歇：人与人之间的信任是否是一种“理性计算”，信任是否是一种类似于风险的投资行为，以及人们的信任投资行为是否与个体的风险偏好特质密切相关等问题一直是经济研究者关注的焦点。信任博弈是实验室实验和田野实验研究中人们对他人的信任程度进行测度的经典范式。新古典经济学家往往从自利理性人假设出发，将人际的信任归于一种风险投资行为，并认为该行为与个人的风险态度偏好密切相关。例如社会学家科尔曼就对信任作如下定义：信任是委托人与受托人在不断重复的理性博弈过程中产生的一种理性的市场经济行为（Coleman，1992）。格伦·库克和罗宾·库珀（2003）也认为信任行为是委托人对代理人的一种风险投资决策。信任和风险从形式上来看都是人们在面对不确定性（Uncertainty）时所进行的一种投资决策。但是两者之间的差异也十分明显：前者面对的是未知的、他人可能做出不同选择的不确定性，而后者面对的是自然的、有着某个固定概率的不确定性。

信任是否为一种风险投资行为？我们能否通过观察个体风险态度来推断和预测其信任行为？这些问题引起了许多学者的关注、研究和探讨。

经济学行为实验的结论倾向于赞成如下观点：信任与风险是完全不同的概念。对经济学行为实验中获取的被试数据进行分析可以发现，两者的分布模式存在十分明显的差异（Eckel & Wilson，2004；Houser，Schunk & Winter，2010；Fetchenhauer & Dunning，2012）。也有一些研究发现了两者之间存在着正向相关关系（Schechter，2007；Qin，Shen & Meng，2011）。第 3 章已经就此问题通过实验室实验提供了行为层面上的证据，证明了信任行为与风险投资行为之间不存在显著相关关系。

本章的主要研究目标是打开大脑“黑箱”，在脑成像和脑刺激研究成果的基础上，通过脑刺激实验揭示信任决策与风险决策两者在神经元网络活动上的差异。关于信任和风险，对照脑成像研究发现，人们在作出风险决策时存在着如下脑区激活的差异性：包括右侧背外侧前额叶皮质（right dorsolateral prefrontal cortex）、右侧前岛叶皮层（right anterior insular cortex）、内侧额叶皮层（medial frontal cortex）（McCabe et al.，2001；Aimone，Houser & Weber，2014）。脑刺激研究同样发现，人们在作出风险决策过程中的行为与大脑背外侧前额叶皮层的神经活动有着紧密的联系（Knoch et al.，2006；Fecteau et al.，2007a；Fecteau et al.，2007b；Boggio et al.，2010；Ye et al.，2015a；Ye et al.，2015b）。然而，现有的脑刺激研究都是分别单独对信任决策或风险决策进行研究，而较少有研究将两者放在一起通过脑刺激实验做对照研究。在本章的脑神经实验中，我们采用 tDCS 来调节被试右侧 DLPFC 的神经活动，观测被试信任投资决策及风险投资决策的改变，从而从神经元层面上回答“信任决策是否是基于风险的理性计算”这一问题。

我们得到的主要实验结果如下：从神经元活动层面上看，人们的信任投资行为并不是一种基于风险的理性计算。我们发现改变人类大脑右侧背外侧前额叶皮质的神经活动能够改变被试的风险投资行为，但是不能改变人们的信任行为。大脑右侧背外侧前额叶皮质在一些研究中被认为与大脑的自利冲动控制（self-interested impulse control）功能有关。提高该脑区的神经元活性会使得人们在风险决策中变得更为保守，但是并不会显著改变人的信任行为，证明了改变与自利控制相关的脑区的神经元活性能够改变基于理性计算的风险决策，但是与信任无关。

本章的研究还通过一个控制实验验证了该实验的刺激效果是右侧 DLPFC 脑区神经元活性发生改变的结果。由于 tDCS 技术的特点，我们在本章主实验中发现的因果联系，有可能存在如下问题：该因果联系是由于刺激作用于参考脑区带来的效果，而不是由于刺激作用于目标脑区的结果。为了验证该假设，我们在控制实验中对主实验中得到的结果进行了稳健性检验，完全排除了参考脑区活跃程度的改变导致风险决策发生改变的可能性。该控制实验结果证明了风险行为的脑区特异性，为人类风险决策的改变能够归因于阳刺激改变了右侧 DLPFC 脑区的神经元活性这一结论提供了直接的佐证。

4.1 信任行为与风险投资——神经基础上的差异性

随着脑成像技术的高速发展，神经经济学家通过 fMRI 技术开始针对信任和风险的本质进行了大脑神经功能层面的研究，发现人们作出信任与风险决策时，其大脑神经区域的激活情况及两种行为的神经调节机制之间均存在明显的差异。2001 年，由凯文 · 麦凯布（Kevin McCabe）、弗农 · 史密斯和丹尼尔 · 豪斯（Daniel Houser）等组成的团队在《美国科学院院刊》上发表了关于信任与风险的脑成像研究。该实验分别扫描了被试面对其他人（社会风险）进行信任投资时和面对计算机（自然风险）进行风险投资时的大脑激活情况，结果发现了很有意思的现象：在信任博弈中总是愿意合作的被试中，当其面对其他人时作出合作决策与当其面对电脑时作出风险投资决策相比，其前额叶皮层会被显著激活。但是在那些不愿意合作的被试当中，面对其他人与面对电脑时作出决策相比并不存在上述神经活动上的差异。基于该实验结果，文章作者认为人类的合作模式起源于前额叶的脑区回路。

艾蒙等（Aimone，Houser & Weber，2014）发表在《英国皇家院刊》上关于信任的 fMRI 研究发现，与人们和电脑博弈时的脑区激活情况相比，被试在和他人博弈时，以下脑区会有更高程度的激活：右侧前岛叶皮层、内侧额叶皮层和右背侧前额叶皮层。前者被发现常常和负面情绪的升高有关，而后两者在之前的研究中被发现和人们的情绪调节有关。实验结果还发现，那些更偏好和电脑博弈的被试，其右侧前岛叶皮层的激活程度往往更高。该实验证明了人类在面对信任决策和风险决策时，脑区参与的活动存在显著差异，而右侧前岛叶皮层的激活很可能是提升了人们对于自己的信任行为会遭到对方背叛的恐惧感。

除了上述将信任与风险作对照实验的研究之外，大量的神经科学实验还发现了信任的神经基础，包括前额叶皮层、纹状体、杏仁核、扣带皮层（cingulate cortex）、旁扣带回皮层（paracingulate cortex）以及腹内侧前额叶皮层等脑区。

关于风险的脑成像研究中，布雷特等（Breiter et al，2001）利用 fMRI 对被试在风险决策中的神经元激活情况做了观测。实验结果发现，风险决策者在面对损失时更多地激活了杏仁核和眶回（orbital gyrus）等大脑区域。该实验结果说明被试的风险行为和杏仁核的恐惧感控制有关。后续的杏仁核损伤病例研究证实了这种猜想：杏仁核受损的被试比对照组被试更愿意冒险，因为他们失去了对于损失的恐惧感（De Martino，Camerer & Adolphs，2010）。克努特松和库珀（Knutson & Cooper，2005）发现人们作出风险决策时，伏隔核（nucleus accumbens）有显著的激活情况。伏隔核负责接收来自神经中枢的输入和输出信号，并决定大脑如何应对外部环境的刺激。伏隔核是纹状体的一部分，研究者因而推测，人们在风险决策中的选择与纹状体有关。库恩和克努特松（Kuhnen & Knutson，2005）通过脑成像观测了被试在风险决策过程中伏隔核和前丘脑（thalamus）的激活水平，结果发现前者在被试做出冒险决策时被激活，后者则在被试做出保守选择时被激活。

经颅磁刺激和经颅直流电刺激技术的发展给我们发现和验证特定脑区的神经活动情况与信任决策和风险决策之间的因果联系提供了技术上的便利和支持。经颅直流电刺激研究发现了信任博弈中代理人的返还行为与一些脑区的神经元活动之间存在着因果联系，如调节眶额叶皮层、背外侧前额叶皮层和腹内侧前额叶皮层的神经活跃程度都会显著改变人们作为代理人的返还行为（Nihonsugi，Ihara & Haruno，2015；Wang et al.，2016；Zheng et al.，2016）。

关于DLPFC与风险之间存在的因果联系已经在一些TMS和tDCS实验中得到了验证（Knoch et al.，2006a；Fecteau et al.，2007a；Fecteau et al.，2007b；Boggio et al.，2010；Ye et al.，2015a；Ye et al.，2015b），如诺奇等（Knoch et al.，2006a）首次用TMS对风险决策的神经机制进行了研究。他们用TMS暂时"关闭"了被试右背外侧前额叶皮层（rDLPFC）的神经功能，结果发现rDLPFC脑区受到"破坏"的被试变得更加愿意冒险。由此，作者推测该脑区皮层的作用可能是对于冲动性选择的控制，该控制功能的丧失导致了更多的冒险行为。

雪莉·费克多等则用tDCS实验分别在两个风险任务中发现了DLPFC接受双侧刺激的被试比对照组的被试表现得更为保守（Fecteau et al.，2007a；Fecteau et al.，2007b）。叶航等2015年的实验用不同的风险任务发现了DLPFC接受了双侧刺激的被试在实验中更加愿意选择确定的保守选项；同年的另外一个风险实验则发现人们在接受了右侧DLPFC阳刺激、左侧DLPFC阴刺激后，在不同的风险模式（获得模式和损失模式）下人们会表现出不同的风险决策行为：在获得模式下人们变得更为冒险，而在损失模式下人们变得更加保守。因此实验者认为DLPFC与人类的风险决策之间存在相关关系和因果关系，而且这种因果关系在不同的风险模式下表现出一种非对称的刺激效果（Ye et al.，2015a；Ye et al.，2015b）。

然而现有的脑刺激研究都是分别单独研究影响和控制信任决策或风险决策这两种存在着不确定性的决策行为，而较少有研究将两者放在一起通过脑刺激实验做对照研究。调节可能同时影响信任和风险决策的同一脑区（如 rDLPFC）是否会同时改变人们的信任投资决策和风险偏好水平，以及信任是否可以被看作是一种风险决策，这些问题还有待我们用脑刺激实验去发现和揭示。

在本实验中，我们采用了单侧 tDCS 刺激[①]来检验右侧 DLPFC 的神经活动与被试信任投资决策及风险投资决策之间可能存在的因果联系。在本研究中，被试在接受了三种不同刺激[②]以后，需要完成一个信任博弈任务和一个风险决策任务。我们的风险决策任务为豪斯等（Houser，Schunk & Winter，2010）实验的简化版，该设计的优势在于信任博弈任务与风险决策任务在形式上保持完全一致，唯一的区别在于信任博弈实验中，与被试配对进行博弈的是其他被试，而在风险博弈任务中，与被试配对进行博弈的是电脑。我们通过分析不同刺激组之间的数据来验证改变右侧 DLPFC 脑区的神经活性是否会对人们的信任投资行为产生显著的影响。此外，为了讨论和验证信任与风险之间的相关关系，我们同样通过风险决策任务来测度被试的风险偏好。三个不同的刺激实验组获得的实验数据将会被用来分析信任与风险之间的相关性。我们假设如果被试在风险决策任务中的行为在不同的刺激组之间表现出了显著差异，而被试在信任决策任务中的行为数据则不存在不同刺激组之间的显著差异，那么我们可以由此得出结论：调节特定脑区的神经活动只会改变人类的自然风险决策，而不会改变人际信任水平这种社会风险决策。

① 更为准确的名称应该是中线双极非平衡经颅直流电刺激（midline bipolar non-balanced stimulation）（Sellaro，Nitsche & Colzato，2016）。

② 包括阳刺激、阴刺激和伪刺激。

4.2 信任行为与风险投资神经实验设计

我们采取的实验技术为经颅直流电刺激，详细介绍请见附录一："实验经济学和神经经济学简介"中"脑刺激技术"部分的介绍。

本次实验总共分 3 个刺激组：阳刺激组、阴刺激组和伪刺激组，其中每一个刺激组都包含了 30 名被试。这一被试数量对于 tDCS 实验来讲是比较多的，能够有效地排除被试间可能存在的个体差异性对实验结果产生的影响，增强实验结果的稳健性与科学性[①]。男女比例在被试招募阶段就已经做了相应的平衡调整（表 4.1）。

表 4.1　各刺激组的被试数、男女比例及年龄情况

刺激类型	被试数	男性被试数	女性被试数	平均年龄
阳刺激组	30	15	15	21.37
阴刺激组	30	15	15	21.43
伪刺激组	30	14	16	21.27

阳刺激组：阳极在 rDLPFC 布点（坐标 F4），阴极在视觉神经皮层布点（坐标 Oz）（Colzato et al.，2015）。阴刺激组：阴极在 rDLPFC 布点（坐标 F4），阳极在视觉神经皮层布点（坐标 Oz）（图 4.1，图 4.2）。伪刺激组：作为对照组，该组被试在随机进行 30 秒的阳刺激或阴刺激后即停止刺激（可通过仪器的相关设置实现），但被试仍然不摘下刺激帽，最大程度地消除实验者效应[②]（Gandiga，Hummel

① 在神经科学研究，尤其是影像学的数据分析中，往往采用将所有样本数据叠加处理的方法，或针对单个样本的神经活动进行分析，无需进行差异性检验或回归分析。因此，神经科学领域对样本数量没有非常严格的要求。

② 实验者效应，又名实验者需求效应（experimenter demand effects）：指实验者在实验具体过程中会以某种有意识，也可能是无意识的方式影响被试的真实想法，从而使得被试的行为决策更加符合实验者的预期（Zizzo，2010）。

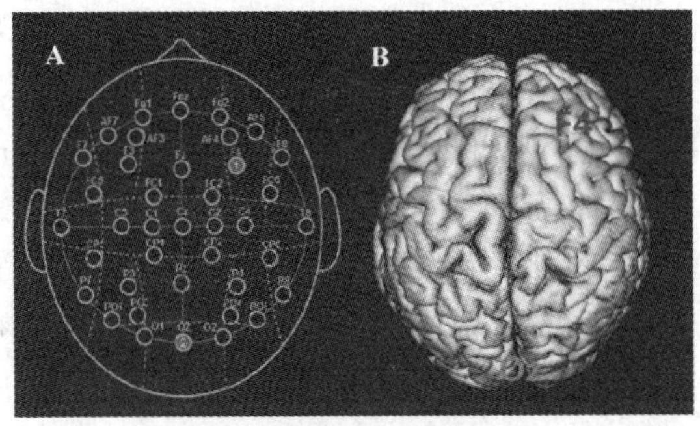

图 4.1　刺激大脑皮层靶区图

（A 为基于国际 EEG10–20 系统的位点图，B 为实际位点图）

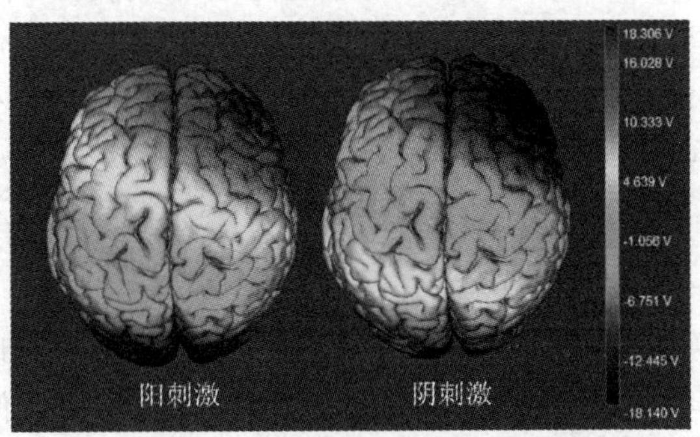

图 4.2　经颅直流电刺激脑区激活示意图

& Cohen，2006）。刺激的电流强度均为 2 毫安。在实验任务开始前，实验员会用绑带将海绵片固定在被试头部相应靶区位置。每名被试需要接受 20 分钟的刺激，在此过程中，被试将被告知只需安静休息即可，不可以玩电脑、看手机或做其他任何与实验无关的事情，以免对实验产生影响。在接受了 20 分钟刺激以后，实验员关闭仪器并将被试头上的绑带取下，然后每个被试需要完成 2 个博弈实验任务：包括一个信任博弈实验和一个风险博弈实验。[①] 所有的实验任务均用

① 本章的实验任务和第 3 章的实验室行为实验相比减少为两个任务，原因在于神经科学实验中需要观察脑区激活情况与被试行为决策间的因果联系，因此需要减少实验任务和实验步骤，尽量排除多个实验任务之间可能带来的相互干扰及可能出现的顺序效应。

z-Tree 编程（Fischbacher，2007），被试全程需要在电脑上操作完成实验任务。为了消除实验任务之间可能存在的顺序效应，我们设计了 2 种任务顺序：（1）信任博弈—风险投资—问卷调查；（2）风险投资—信任博弈—问卷调查。我们将随机安排一半的被试按照顺序（1）完成实验，而另外一半的被试则按照顺序（2）完成实验。由于实验室博弈实验诸如信任博弈、独裁者博弈、公共品博弈和最后通牒博弈等实验的特性，每场实验往往需要一定数量的被试在实验中进行互动博弈，以保证被试在完全匿名的单次实验中完成任务，同时能够消除被试对于自己是否真的在和其他人进行互动博弈的质疑（Frohlich，Oppenheimer & Moore，2001）。在每场实验中同时会有 10 名被试参与[①]，每名被试通过随机抽取编号坐在各自的位置上，这些位置之间有隔板隔开并且在被试入座后会拉上帘子，充分保证了实验的匿名性和隐私性。

任务一：信任博弈实验

第一个实验任务为经典的 BDM 信任博弈，测度被试的信任度和可信任度。实验任务与第三章第 3.2 节“博弈任务一：信任博弈实验”相同。

任务二：风险投资实验

第二个实验任务为经典的 BDM 信任博弈，测度被试的风险偏好。实验任务与第三章第 3.2 节“博弈任务二：风险投资实验”相同。

在所有的被试完成上述两个实验任务以后，每名被试需要填写一份调查问卷，然后电脑上将呈现每个实验任务中被试扮演的角色及获得的收益，之后实验员将根据每个人的收益情况，通过实验筹

① 被试数量的增加也给实验现场的操作和控制增加了很多难度。每场实验需要有 5 名实验员，每人专门负责给 2 名被试佩戴刺激仪，分发实验说明并解答被试可能提出的疑问。

码 1 : 1 兑换人民币的方式当场支付报酬。被试获得的总收入为上述两个实验任务中获得的筹码数加上额外的 20 元出场费。

4.3　信任行为与风险投资神经实验结果

我们在浙江大学紫金港校区招募了 100 名大学生被试参加了我们的实验[①]，其中有效被试 90 名[②]（平均年龄为 21.36 岁，年龄跨度为 17—30 岁；女性被试 46 人）。被试均为右利手，无任何精神疾病史或脑部损伤史，视力正常或矫正正常。被试的专业涵盖了人文社科、理科、工科、农学、医学、生物学等各个学科。每个被试在实验前均需要在《知情同意书》[③]上签字，表明被试已充分了解实验的安全性并自愿参加实验。实验地点为浙江大学紫金港校区实验社会科学实验室。整个实验从被试进入实验室到拿到现金报酬后离开实验室，全程持续大约 60 分钟，被试人均获得约 53 元人民币作为实验报酬。没有被试在实验后反映接受 tDCS 有任何的极度不适或有任何的副作用。

在信任博弈实验中，被试在扮演委托人角色时的信任投资额测度的是被试的信任度，而在扮演代理人角色时的信任返还额测度的是被试的可信任度。返还率期望（ExpRatio）定义为每种投资水平下期望返还率的均值，如被试在自己投资 1 个筹码时期望对方返还额为 Exp1，在自己投资 2 个筹码时期望对方返还额为 Exp2，以此类推，$\text{ExpRatio}=\dfrac{\text{Exp}\dfrac{1}{1}+\text{Exp}\dfrac{2}{2}+\text{Exp}\dfrac{3}{3}\cdots+\text{Exp}\dfrac{10}{10}}{10}$。风险投资实验中测得的风险投资额为被试的风险偏好（Risk）。此外，我们还测

① 为防止实验中可能出现的学习效应，我们在被试招募过程中就避免了被试重复参与实验的情况。参与过第 3 章实验的被试不能重复报名参加本章的所有实验。

② 由于其中有 6 名被试是左利手，另有 4 人无法通过测试问题而未采用其行为实验数据。

③ 请参见附录四《知情同意书》。

度了被试的自我汇报风险偏好类型，总共分6档：0，1，2，3，4，5，0表示非常谨慎，5表示非常冒险（详见附录三第14题）。

首先，我们验证了不同的实验顺序是否会对被试的行为产生影响——即实验中是否存在顺序效应。在实验中，顺序已经在不同的刺激类型和不同性别中做了平衡，我们还是用方差分析方法检验了顺序效应，发现不存在顺序效应（Trust：$F_{(1,\ 84)}=0.403$，$p=0.527$，$\eta_p^2=0.005$；Risk：$F_{(1,\ 84)}=0.021$，$p=0.884$，$\eta_p^2<0.001$）。贝叶斯分析同样更支持不包含顺序变量的模型（Trust：$BF=0.271$；Risk：$BF=0.221$）。

假设一：被试的信任投资与风险投资之间不存在显著相关性，而风险投资与个体自述风险偏好类型之间存在显著相关性。

为了检验该假设，我们用被试的信任投资额、风险投资额及被试自述风险偏好数据进行了相关性分析。发现如下结果：

在阳刺激组和阴刺激组获得的被试数据相关性分析中，被试的信任度和风险偏好程度之间均不存在显著相关关系（皮尔森相关性检验），且风险偏好程度和自述风险偏好类型之间也不存在显著相关关系（详见附录五附表4.1，附表4.2）。而在伪刺激组的被试数据中（该刺激组作为对照组，刺激并不会对被试的行为产生显著影响），我们发现了信任与风险之间仍然不存在显著相关关系，但风险偏好程度与自述风险类型之间呈现显著的相关关系（表4.2）。

表4.2　伪刺激组信任与风险之间的相关性

		信任	风险	自述
信任	相关系数	1	–0.185	0.189
	p 值	—	0.328	0.318
	贝叶斯因子	—	0.244	0.365

续表

		信任	风险	自述
风险	相关系数	–0.185	1	0.421*
	p 值	0.328	—	0.021
	贝叶斯因子	0.244	—	5.788
自述	相关系数	0.189	0.421*	1
	p 值	0.318	0.021	—
	贝叶斯因子	0.365	5.788	—

注：* 代表 $p < 0.05$，** 代表 $p < 0.01$，*** 代表 $p < 0.001$ 显著水平。

因此我们可以得出如下结论：

（1）不论是在刺激组还是在伪刺激组中，信任与风险之间以及与自述风险偏好类型之间均不存在显著相关性，验证和支持了目前文献中关于信任与风险（确切的定义应该是自然风险）属于两种不同的概念且存在显著差异的论断。

（2）在伪刺激组中，我们发现了风险投资博弈中测得的风险程度与在问卷调查中获得的被试自述风险偏好类型呈现显著的正向相关关系，该结果验证了两种不同的风险测度方法：博弈实验测度与问卷调查测度方法的有效性和一致性。

（3）在阳刺激组和阴刺激组中，风险投资实验中测得的被试风险偏好程度与被试自述风险偏好程度之间出现了一定的偏差，这说明 tDCS 作用于 rDLPFC 脑区可能会改变被试在风险投资行为上的决策。此外，我们还将被试自我汇报的风险偏好作为被解释变量，刺激类型作为解释变量作了方差分析，发现不同的实验组之间被试的自我汇报风险偏好不存在显著差异性（$F_{(2,\ 87)} = 0.732$，$p = 0.484$，$\eta_p^2 = 0.017$；阳刺激组：自我汇的报风险均值= 2.333；阴刺激组：自我汇报风险均值= 2.567；伪刺激组：自我汇报风险均值= 2.600），这证明了尽管接受不同的 tDCS 破坏了被试实验博弈测度风险与问卷调查测度风险之间的相关性和一致性，但是被试自我汇报的风险偏好类型不会受到直流电刺激的显著影响。

假设二：被试的信任度会因为 tDCS 作用于 rDLPFC 脑区而产生显著改变。

为了验证该假设，我们用方差分析的方法将三个不同刺激组中被试的信任度数据进行了比较分析（三种不同的“刺激类型”作为被试间变量）。实验结果并没有发现“刺激类型”主效应（$F_{(2,\ 87)}=0.103$，$p=0.902$，$\eta_p^2=0.002$，贝叶斯方差分析显示支持不包含刺激类型模型的概率是支持包含刺激类型模型的概率的 9.3 倍）。我们将刺激类型作为被试间变量，其他变量如自我汇报风险偏好类型（selfrisk）、性别（gender）和年龄（age）作为协变量纳入模型进行了协方差分析，结果在控制了年龄、性别和风险偏好这些因素之后仍然没有发现不同刺激组在信任投资额上有任何显著差异（$F_{(2,\ 84)}=0.119$，$p=0.888$，$\eta_p^2=0.003$）。该结果推翻了假设二，证明了调节 rDLPFC 脑区的神经活动不能显著改变被试的信任投资行为（图 4.3）。

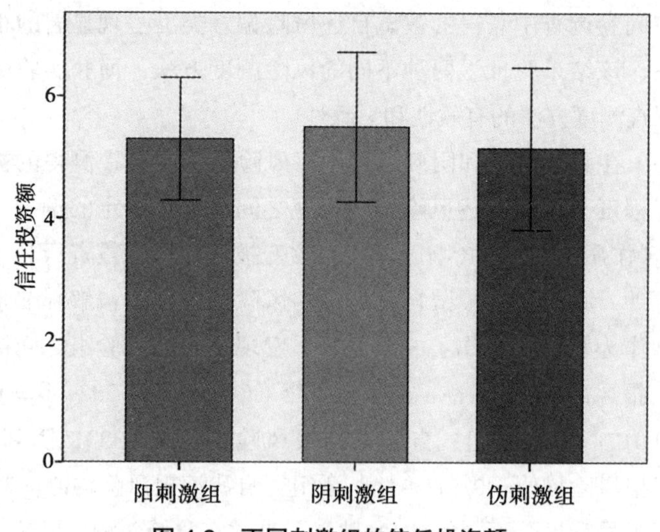

图 4.3　不同刺激组的信任投资额

假设三：被试的风险偏好会因 tDCS 刺激作用于 rDLPFC 脑区而发生显著改变。

为了验证该假设，我们用方差分析的方法将三个不同刺激组中被试在风险投资决策中的行为数据进行了比较分析（三种不同的“刺激类型”作为被试间变量）。数据分析结果发现了显著的“刺激类型”主效应（$F_{(2,\ 87)} = 8.236$，$p < 0.001$，$\eta_p^2 = 0.159$；贝叶斯因子= 56.4）。析因分析（Bonferroni）显示阳刺激组的风险投资额（均值= 5.20）要显著低于伪刺激组的风险投资额（均值= 7.17，$p =$ 0.001），同样也显著低于阴刺激组的风险投资额（均值= 7.07，$p =$ 0.003）。阴刺激组和伪刺激组之间不存在显著差异（$p = 0.982$）。我们将“刺激类型”作为被试间变量，其他变量如自我汇报风险偏好类型、性别和年龄作为协变量纳入模型进行了协方差分析，结果在控制了年龄、性别和风险偏好这些因素之后仍然发现不同刺激组之间在风险投资额上有显著差异（$F_{(2,\ 84)} = 8.517$，$p < 0.001$，$\eta_p^2 =$ 0.169，贝叶斯因子= 56.4）。此外我们还发现了“年龄”变量的主效应显著（$F_{(1,\ 84)} = 13.392$，$p < 0.001$，$\eta_p^2 = 0.138$；$BF_{\text{age}} = 27.2$），这意味着年轻的被试往往比相对年长的被试更加愿意冒险。方差分析结果证明了 tDCS 阳刺激作用于 rDLPFC 会显著改变被试的风险决策行为，使人变得更为保守，而阴刺激作用于该脑区则不存在上述显著效果。

鉴于信任博弈实验与风险投资实验在任务形式上完全一致，唯一的区别在于前者由其他被试作为代理人作出返还决策，后者由电脑程序作为代理人随机作出返还决策，我们将“任务”作为一个被试间变量加入方差分析模型中，进行了重复度量方差分析检验。结果发现了显著的“任务”变量主效应（$F_{(1,\ 87)} = 9.905$，$p = 0.002$，$\eta_p^2 =$ 0.102；贝叶斯因子为 33.9）和“刺激类型”变量主效应（$F_{(2,\ 87)} =$ 3.645，$p = 0.030$，$\eta_p^2 = 0.077$；贝叶斯因子为 43.5），尤其是存在显著的“任务”与“刺激类型”交叉效应（$F_{(2,\ 87)} = 3.435$，$p =$

0.037，$\eta_p^2 = 0.073$，贝叶斯因子为 70.0）（图 4.4）。

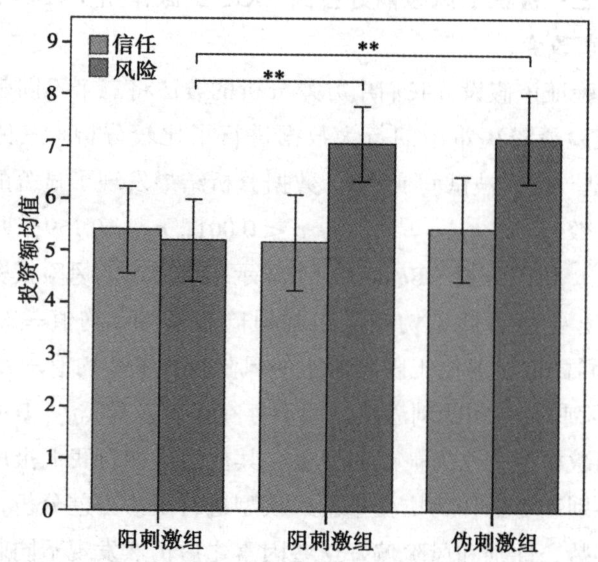

图 4.4 信任投资额与风险投资额在不同刺激组间的差异

信任决策是一种社会性风险，信任投资行为是“将自身的易损性暴露给他人，且他人的行为并不受控制（Zand，1972）”。信任是否是一种风险投资行为，该问题在经济学界一直备受关注且存在争议：一些学者认为风险和信任是非常相近的概念，两者之间有着某种必然联系（Ben–Ner & Putterman，2001；Cook & Cooper，2003；Schechter，2007），而另外一些经济学家则认为风险和信任是两个截然不同的概念。实验室实验中通过分析被试的风险决策和信任投资决策的数据发现，两者之间有着完全不同的分布特征：在人群中，人们风险决策行为的分布往往是连续的，而人们信任行为的分布则是偏向两极的——或者完全相信对方，或者完全不相信对方。神经科学实验也发现了人们在作出风险与信任决策时激活的脑区之间存在着显著的差异性，这两种面对不确定性的行为决策在脑成像实验中表现出了迥然不同的大脑神经基础（McCabe et al.，2001；Eckel & Wilson，2004；Houser，Schunk & Winter，2010；Fetchenhauer &

Dunning，2012；Aimone，Houser & Weber，2014）。

本章实验获得的主要结论如下：

一、本章的主实验研究发现，被试的信任水平和风险投资水平在三组刺激组（包括阳刺激组、阴刺激组和伪刺激组）之间均不存在显著相关性，被试的信任水平和被试自述风险偏好之间同样鲜有这种显著相关性，该结果支持了关于“信任是否是一种风险决策”的论战中认为“信任与风险是完全不同的概念，有着不同的表现形式和不同的神经基础”这一方的观点。个体的风险偏好几乎与个体的信任水平无关。

二、本实验结果从脑区和行为之间的因果联系上证明了信任决策与自利冲动控制相关的脑区（如右侧 DLPFC）之间不存在显著的因果联系。脑成像研究发现了右侧 DLPFC 在人类决策功能——尤其是在对于自利冲动控制中扮演的极为重要的角色（Sanfey et al.，2003；Spitzer et al.，2007；van den Bos et al.，2009）。神经科学研究发现了信任与 DLPFC 之间的某种关联：例如当信任博弈中的代理人表现出更多的可信任度时，该脑区更多地被激活了（Chang et al.，2011；Nihonsugi，Ihara & Haruno，2015）。同样的，信任的研究者们还发现当人们决定信任对方时，与人们面对电脑进行风险决策任务时相比较，右侧 DLPFC 的神经活动变得更加活跃（McCabe et al.，2001；Aimone，Houser & Weber，2014）。在本实验中，我们通过调节被试右侧 DLPFC 的神经活动来验证信任是否与该脑区的神经活动存在某种因果联系。我们发现不论是阳刺激还是阴刺激均无法改变被试的信任投资决策行为，这意味着虽然该脑区与人际的信任度存在某种相关关系，但是两者之间不存在因果联系。罗伦萨·卡尔扎托等 2015 年做的关于 mPFC 和信任之间的因果联系的 tDCS 实验也发现了同样的结果，即存在相关性但不存在因果联系（Colzato et al.，2015）。

三、本实验结果为人们发现和揭示右侧 DLPFC 在人类风险偏好行为与自我风险认知方面的功能性研究提供了新的证据。有关风险与 DLPFC 脑区之间可能存在相关性联系的研究中，fMRI 研究发现右侧 DLPFC 的神经活跃程度与人们的风险偏好之间呈现出显著的相关性。诺奇等（Knoch et al.，2006a）Daria</author><author>Gianotti，Lorena RR</author><author>Pascual-Leone，Alvaro</author><author>Treyer，Valerie</author><author>Regard，Marianne</author><author>Hohmann，Martin</author><author>Brugger，Peter</author></authors></contributors><titles><title>Disruption of right prefrontal cortex by low-frequency repetitive transcranial magnetic stimulation induces risk-taking behavior</title><secondary-title>The Journal of neuroscience</secondary-title></titles><periodical><full-title>The Journal of Neuroscience</full-title></periodical><pages>6469-6472</pages><volume>26</volume><number>24</number><dates><year>2006</year></dates><isbn>0270-6474</isbn><urls></urls></record></Cite></EndNote> 用 TMS 发现“破坏”右侧 DLPFC 的功能导致了人们在风险决策中表现出更为冒险的行为。此外，双侧 tDCS 刺激实验发现调节双侧 DLPFC 的神经活动改变了人们的风险偏好（Ye et al.，2015a；Ye et al.，2015b），而激活右侧 DLPFC 使得人们在风险决策任务中表现出了更为保守的行为（Fecteau et al.，2007a；Fecteau et al.，2007b）。与现有的关于风险的研究中往往采用了风险博弈多次测度的方式不同，在本研究中我们使用了单次风险投资决策任务，该任务模式模拟信任博弈，以揭示风险偏好与右侧 DLPFC 脑区之间可能存在的因果联系。在本实验中，我们发现通过 tDCS 提高右侧 DLPFC 的神经活跃程度能够有效地改变被试在风险博弈任务中表现出来的风险偏好，导致人们更多地选择了更为保守的风险投资策略。tDCS 还改变了投资行为实验中测度的被试风险偏好与问卷调查中采集的被试风险偏好类型数据之间的相关关系，证明了改变右侧 DLPFC 脑区的神经活性会改变被试当前面对风险决策时的决策行为，但并不会改变被试对于自身风险偏好程度的认知过程。

4.4　信任行为与风险投资实验的稳健性检验

尽管我们在本章的实验中发现了调节右侧 DLPFC 的皮层脑区神经活动使得人们在风险投资任务中的决策发生了显著性改变，而信任决策则没有发生任何显著性改变，但是这种显著性效果的稳健性、可重复性等问题仍然没有得到验证。因此，我们增加了一个控制实验对实验结果的一般性进行验证。在控制实验中，我们增加了一组控制组被试，将阳极刺激靶区同样放在 rDLPFC，但是参考回路电极放置在了被试的面颊部（Berryhill & Jones，2012；Tseng et al.，2012；Lally et al.，2013；Mai et al.，2016）。我们采用这种实验设计的原因是面颊部的神经主要是感觉、运动和副交感神经，与参与人类行为决策的大脑皮层神经活动的脑区相距较远，因此将参考电极放置在该区域不会对人的高级神经决策行为产生显著影响。我们将控制实验中控制组得到的风险投资额和信任投资额数据同本章主实验中伪刺激组的数据进行比较分析，如果该控制组与伪刺激组中测得的风险偏好程度同样存在显著差异，且该显著差异与本章主实验获得的实验结果有着改变方向上的一致性，则我们可以得出结论：主实验中发现的阳刺激对于被试风险偏好产生影响可以完全归因于 rDLPFC 大脑皮层脑区神经活动的改变，从而验证我们主实验中得到的相关结论的稳健性。

我们重新在浙江大学紫金港校区招募了 30 名被试（平均年龄为 20.90 岁，年龄跨度为 17—25 岁，包括 16 名女性，无任何精神疾病史或脑部损伤史，视力正常或矫正正常）参加了我们的控制实验。实验前被试需要在《知情同意书》上签字并自愿参加我们的实验，实验为单盲实验，即被试并不知道本实验的目的、实验假设及接受的刺激类型等信息。

控制实验中使用的仪器设备、实验流程、实验步骤均与本章的主实验完全一致。与主实验的唯一区别在于，在本控制实验中，被试接受大脑区域的刺激靶区作了相应的改变，其中接受 rDLPFC 阳刺激控制组的被试，阳极目标靶区仍然设置在右侧 DLPFC（坐标 F4），而阴极作为回路电极则放置在被试的脸颊部位。

在该控制实验中，我们直接将增加的控制组被试数据（rDLPFC 阳刺激，脸颊作为回路脑区组）同本章的主实验中的伪刺激组中的被试数据（信任博弈中的信任度和风险博弈中的风险投资额）分别进行了方差分析（不同刺激类型作为被试间变量，即控制组与伪刺激组进行比较分析）。分析结果发现了信任度数据在两组中不存在“刺激类型”主效应（$F_{(1,\ 58)} = 0.010$，$p = 0.922$，$\eta_p^2 < 0.001$；贝叶斯方差分析同样支持没有刺激类型变量模型的概率为包含刺激变量模型的概率的 3.8 倍）。我们还控制了自我汇报风险类型、性别和年龄变量作了协变量方差分析，同样没有发现“刺激类型”的显著主效应（$F_{(1,\ 55)} = 0.135$，$p = 0.714$，$\eta_p^2 = 0.002$，贝叶斯因子= 0.263）。

与主实验的检验一样，我们同样用方差分析的方法将控制组和伪刺激组中获得的被试风险投资数据进行了比较分析（“刺激类型”作为被试间变量）。实验结果显示存在显著的“刺激类型”主效应（$F_{(1,\ 58)} = 15.47$，$p < 0.001$，$\eta_p^2 = 0.211$；贝叶斯因子= 109.3）。析因分析显示控制组被试的风险投资水平（均值为 5.07）要显著低于伪刺激组被试的风险投资水平（均值为 7.17，$p < 0.001$）。在控制了自我汇报风险类型、性别和年龄因素之后，协方差分析同样显示“刺激类型”主效应显著（$F_{(1,\ 55)} = 14.672$，$p < 0.001$，$\eta_p^2 = 0.211$；贝叶斯因子= 109.3）。此外，我们将“实验任务”作为被试内变量，刺激类型作为被试间变量进行重复度量方差分析，发现“实验任务”与“刺激类型”的交叉效应显著（$F_{(1,\ 58)} = 6.450$，$p = 0.014$，$\eta_p^2 = 0.100$；贝叶斯因子= 5.6）（图 4.5）。

本章控制实验获得了非常稳健的相关性和因果性的结论。该控制实验的结果为人们风险投资行为的改变能够归因于阳刺激调节了 rDLPFC 脑区的神经活动这一结论提供了直接的佐证，且验证了主实验结论的稳健性。通过主实验和控制实验，我们可以得出结论：人类的风险决策和信任决策是两类不同的行为，涉及不同的脑区神经的活动。

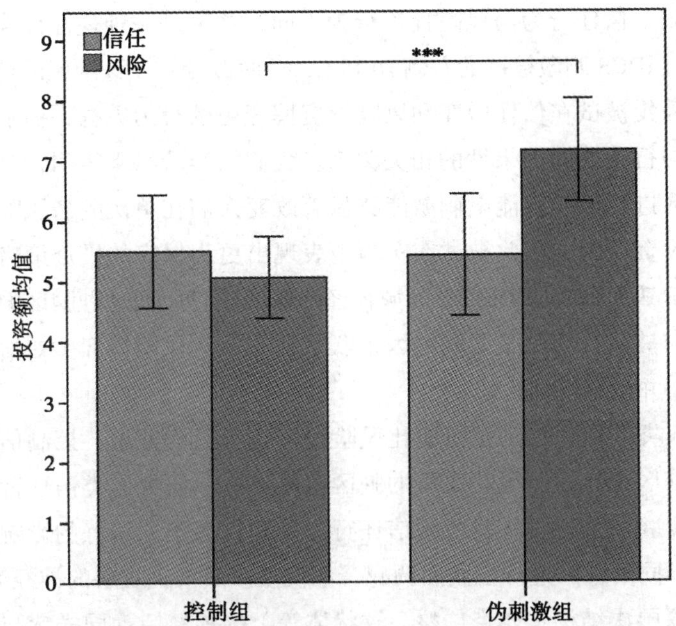

图 4.5　信任投资额与风险投资额在控制组与伪刺激组之间的差异

4.5　本章小结

在本章的研究中，我们回归到“信任是否是一种基于风险的理性计算”这个争论已久、尚未有定论的经济学问题。大量的行为博弈实验发现人们的信任行为并不能用风险偏好进行解释和预测，而量表测度的风险态度数据可以预测人们的风险投资行为；也有一些行为实验发现了信任与风险之间的显著相关性。脑神经成像研究发现信任与风险有着不同的神经基础和调节机制。这些研究信任行为和风险投资行为的神经科学实验还发现这两种决策行为可能受到同一个脑区（右侧 DLPFC）的影响。脑刺激研究发现调节右侧 DLPFC 的激活程度会对人们的风险投资行为产生显著影响，然而较少有研究讨论该脑区的激活程度与信任行为之间的因果联系。

在本章实验中，我们证明了信任决策和风险决策有着不同的神经基础，信任行为与风险投资行为不同，并不是一种理性计算。我们通过 tDCS 刺激被试的右侧 DLPFC，暂时改变被试该脑区的神经活性，采集被试在信任博弈和风险投资博弈中的行为数据，揭示了该脑区与行为之间因果性的相关关系。我们的实验结果表明，对于特定脑区进行经颅直流电刺激能够显著改变人们在单次匿名风险博弈中的投资行为，因此被试在实验中表现出更为保守的投资策略可以归因于其大脑皮层 DLPFC 区域神经活性的改变。而这种脑区的激活程度与被试行为决策之间的因果联系在非自然风险博弈（如信任博弈）中并没有得到验证。

人类的信任行为很可能比风险投资行为更为复杂，控制信任的神经脑区也比控制风险决策的脑区范围更广。研究人类信任行为的行为实验和脑科学实验发现信任行为受到许多不同偏好的影响，由多个不同的脑区进行控制和调配，不仅仅涉及大脑皮层的神经活动，大脑深层次结构（如杏仁核、纹状体等）的神经活动同样参与到了信任行为决策中来，因此如何对影响信任行为的其他相关偏好进行剥离和分析仍有待于进一步的经济学实验和神经科学研究来揭示。

本章的研究还通过一个控制实验（将回路电极放置在不同的脑区）验证了主实验得到的“信任决策与风险决策存在本质区别”这一结论的稳健性。主实验的结论能够在两种存在差异的实验条件下表现出稳定的、一致的结果，证明了风险行为的脑区特异性，验证了与自利控制相关的脑区和风险决策之间的因果联系，而这种因果联系不能在社会性风险决策中被观测到。

本章的研究给“信任不完全等同于风险决策”这一论点提供了新的神经经济学上的证据支持。本研究发现 tDCS 作用于右侧 DLPFC 改变人类行为决策的效果只在风险投资决策中被观测到，而在信任投资决策中并没有观测到任何显著效果。本章的实验揭示了人类与自利冲动控制相关脑区的功能在于能够调节人类的风险投资行为，但仅仅改变该脑区的神经活性无法改变人们在信任决策中的行为。

第 5 章　可信任行为受到利他偏好影响

——来自神经实验的证据

“信任是人类社会中最重要的综合因素之一（Simmel & Wolff, 1950）。”信任渗透于人与人的关系之中，不论是在朋友关系、亲属关系，还是经济关系之中都不可或缺。人与人之间的信任同样是我们理解和解释人们经济生活中各种行为的关键因素，生意伙伴之间信任的缺失将严重影响市场交易的正常进行。这也是经济学家对信任的研究如此感兴趣的原因之一。

大量的经济学实证研究发现，人们的信任行为和返还行为均偏离了经济学理性人的理论假设。经济学行为实验发现了诸多的行为偏好影响和导致了人类的信任行为和返还行为（Berg，Dickhaut & McCabe，1995；Cook & Cooper，2003；Bohnet & Zeckhauser，2004；Cox，2004；Ashraf，Bohnet & Piankov，2006；Schechter，2007）。相对而言，大部分行为实验聚焦于信任行为中的委托人一方，即用社会偏好理论来解释委托人在信任博弈中的投资行为，而关于影响代理人返还行为的社会偏好则较少有研究涉及。目前的研究发现作为代理人的返还行为可以用无条件涉他偏好（Andreoni & Miller，2002；Holm & Danielson，2005；Capra，Lanier & Meer，2008）和有条件涉他偏好（Camerer，2003）进行解释。不论是在被试内设计还是在被试间设计的信任博弈实验中，人们的返还行为均显示与利他偏好之间存在着显著的正向相关关系（Cox，2004；Ashraf，Bohnet & Piankov，2006）。本书第 3 章的行为实验从行为的层面上验证了人类的信任行为和可信任行为与利他偏好之间存在着显著的相关关系。脑成像、脑损伤研究都发现了特定脑区的神经元活动与人类的利他偏好及信任行为（包括可信任行为）之间存在相关关系。因此，本章的目的就是通过一个神经科学实验，打开信任行为和利他偏好的大脑“黑箱”，进一步揭示人类信任行为、可信任行为的本质，验证信任行为和可信任行为是否在神经元网络层面上也与利他偏好有关。

我们得到的主要实验结果如下：从神经元活动层面上看，人们的可信任行为受到了利他偏好的显著影响。我们发现改变人类大脑腹内侧前额叶皮质的神经活动能够改变被试的可信任返还行为和利他偏好，而该特定脑区被发现与人类的同情（empathy）及利他动机（altrustic motivation）密切相关。该实验结果证明了改变利他动机相关脑区的神经活动能够影响人们的利他偏好，而利他偏好能够影响人们在扮演代理人角色时的可信任返还行为。

本章的研究还发现，虽然行为实验和脑成像研究中都发现了信任行为与利他偏好之间存在着显著的相关关系，但是在我们的脑神经实验中没有发现腹内侧前额叶皮层的神经元活动与信任度之间的因果联系。该结论可以归因于信任行为受到了多种偏好的影响，由多个脑区进行控制和调节，大脑深层次结构（如杏仁核、纹状体等）的神经活动可能也参与其中。关于控制和剥离信任行为相关的社会偏好，进而揭示信任行为的本质问题，该任务还有待于以后的行为实验和脑神经科学实验进行验证。

5.1　可信任行为与利他偏好——神经基础上的相关性

在神经经济学研究中，利他的神经基础已经在一系列的脑成像实验中被揭示出来。功能核磁共振成像实验发现，当人类显示出更强的同情心和利他动机时，其大脑的内侧前额叶皮层（medial prefrontal cortex，mPFC）会被显著地激活（Mathur et al.，2010；Waytz，Zaki & Mitchell，2012）。马图尔等（Mathur et al.，2010）的 fMRI 研究中，实验者让被试观看一些其他人正在经历痛苦的照片，观察他们的大脑神经元激活情况，发现被试的内侧前额叶脑区呈现显著的激活情况。临床医学脑损伤病例研究发现，腹内侧前额叶皮层受到损伤的病人在独裁者实验（用来测度人们利他行为的经典博弈实验）中比对照组中的健康人群要表现出更少的利他行为。当这类脑区损伤的病人在信任博弈中作为代理人时，其返还额也同样显著少于对照组[①]。该结果意味着 vmPFC 脑区的损伤带来了人们行为功能上的显著改变，说明该脑区在独裁者博弈中的利他行为和信任博弈中的返还行为中均扮演着不可或缺的关键角色（Krajbich et al.，2009；Moretto，Sellitto & Di Pellegrino，2013）。

在神经经济学对人类信任的研究中，大量的脑神经科学实验同样发现了影响作为委托人的信任行为的大脑神经基础（McCabe et al.，2001；Delgado，Frank & Phelps，2005；King-Casas et al.，2005；Krueger et al.，2007；Tzieropoulos，2013），但关于人类作为代理人时表现出的可信任返还行为的大脑神经基础则较少有研究涉及，对于影响可信任行为的相关脑区的研究也较匮乏。人们对影响可信任返还行为的偏好及神经脑区仍不甚了解。有一些脑神经科学研究针对代理人的返还行为做了一些实验，而这些揭示返还行为神经基础的实验往往会涉及一些信任以外的影响因素，诸如声誉、风

① 该研究中还设计了其他脑区损伤的病人组作为实验控制组，以排除是由于脑区损伤而可能引起的行为上的差异性。

险，以及利益计算等（Baumgartner et al.，2009；Knoch et al.，2009；van den Bos et al.，2009）。关于利他偏好神经基础的脑成像实验中，李健等（Li et al.，2009）发现当代理人作出返还决策时，其大脑的以下这些区域会被显著激活：腹内侧前额叶皮层，外侧眶额叶皮层（lateral orbitofrontal cortex），扣带回后部（posterior cingulate cortex），及右侧杏仁核。腹内侧前额叶皮层的激活情况与利他行为密切相关。目前关于腹内侧前额叶皮层的神经认知科学研究中，该脑区被认为是与人类对于社会信息的评估息息相关的重要区域，该脑区的损伤会导致严重的情绪障碍，同时会影响人们的决策判断、计划行为和行为管理能力（Damasio，1994；Anderson et al.，2006）。更为关键的是在一项临床实验研究中，莫雷托等（Moretto，Sellitto & Di Pellegrino，2013）发现腹内侧前额叶皮层损伤的病人和控制组中的健康人相比，其可信任度更低，表现出更少的返还行为。

然而这些脑神经科学研究（功能核磁共振研究和病例研究）虽然发现了脑区与代理人返还行为之间存在的相关关系，但是并不能揭示大脑皮层的神经活动与人类在信任博弈中的返还行为之间直接的因果联系。

与脑成像研究和医学病例研究不同的是，大脑刺激技术，如经颅直流电刺激可以完全安全、无创地影响和改变大脑皮层的神经活动，从而揭示某一特定脑区与特定行为之间可能存在的因果联系。该技术也可以绕开脑损伤实验研究可能存在的诸多限制（如脑损伤案例中，往往没有足够多的脑损伤被试）。卡尔扎托等（Colzato et al.，2015）的直流电刺激实验发现，激活或者抑制腹内侧前额叶皮层的神经活动并不能改变被试作为委托人时的信任投资行为，最近发表在《行为大脑研究》（*Behavioral Brain Research*）上的一项 tDCS 研究发现调节眶额叶皮层的神经活动可以改变代理人的返还行为，该实验还发现这种改变可能是通过与内疚相关的脑区产生的影响（眶额叶皮层被认为与内疚相关）（Wang et al.，2016）。

这些利用大脑神经实验探测信任与相关脑区之间因果关系的研

究中，前者并没有得到关于信任与相关脑区之间存在因果联系的显著性的结果，而且目标脑区的神经活动与代理人的返还行为之间的关系并没有在该研究中涉及；后者虽然发现了代理人返还行为与特定脑区之间的因果联系，但是其实验设计中缺乏真实性：被试实际上并不是真的在与其他人进行博弈。因此可能存在对实验真实性的怀疑而改变人们的行为的情况。此外，该实验中没有揭示是哪种偏好的影响驱使被试改变了返还行为，也没有在神经科学实验中对偏好进行控制和剥离。

在本章的研究中，我们通过同时测度被试的信任度、可信任度和利他偏好，运用神经实验对人类的利他偏好进行控制和剥离，从神经元活动层面上检验社会偏好理论。具体实验中，为了能够消除被试对于博弈实验真实性的顾虑（例如他们可能会认为自己仅仅是在和事先设计好的电脑程序进行博弈），我们在每一个实验场次中都会同时招募 10 名被试参加实验。这些被试会被安排坐在相互用隔板和帘子隔开的位置上，因此他们知道有真人正在和他们进行博弈，但是无法知道参与博弈的都有谁，更不知道与自己配对博弈的具体是哪个人。这保证了实验的真实性和完全匿名性，从而被试的行为更加真实，采集的数据更加可信。在该实验中，被试的可信任度由信任博弈进行测度，而其利他偏好则由标准独裁者博弈进行测度。本研究的目的在于研究调节腹内侧前额叶皮层的神经活动是否可以直接改变被试的可信任度和利他偏好，从而验证人类的信任行为和可信任行为是否符合社会偏好理论对人类行为决策的预测。

具体实验中，在被试接受 tDCS（阳刺激、阴刺激或伪刺激）后，他们需要完成一个信任博弈和一个独裁者博弈。通过比较不同刺激组之间被试在信任博弈中作为代理人时的返还额比例，我们可以发现腹内侧前额叶皮层的激活情况与被试的可信任度之间可能存在的因果联系。为了检验可能影响代理人返还行为的偏好，我们同样分析了被试的利他偏好是否存在显著的组间差异。我们假设如果在该实验中，被试的返还行为和利他偏好均存在显著的组间差异，且两类亲社会行为的组间差异呈现出相同的方向和相似的模式，我们可以得出结论：调节特定脑区的神经活动可能通过影响被试的利他偏好从而影响了被试的可信任度。

5.2 可信任行为与利他偏好神经实验设计

我们采取的实验技术为经颅直流电刺激，详细介绍请见附录一“实验经济学和神经经济学简介”中“脑刺激技术”部分的介绍。

本次实验中总共分 3 个刺激组：阳刺激组、阴刺激组和伪刺激组，其中每个刺激组包含了 20 名被试。男女比例在被试招募过程中经过调整，阳刺激组、阴刺激组和伪刺激组中的女性被试数分别为 10 人、10 人和 11 人。

阳刺激组：阳极在 vmPFC 布点（坐标 Fpz），阴极在视觉神经皮层布点（坐标 Oz）（Colzato et al.，2015）。阴刺激组：阴极在 vmPFC 布点（坐标 Fpz），阳极在视觉神经皮层布点（坐标 Oz）（图 5.1，图 5.2）。伪刺激组：作为对照组，随机进行 30 秒的刺激后即停止刺激。停止刺激后，被试仍然佩戴刺激帽，这样可以消除实验者效应。刺激的电流强度均为 2 毫安。实验员在实验任务开始前用绑带将海绵片固定在被试头部相应靶区位置。每名被试需要接受 20 分钟的刺激。在接受了 20 分钟刺激以后，实验员关闭仪器并取下绑带，然后每个被试要完成两个博弈实验任务：一个信任博弈实验和一个独裁者博弈实验。[①] 所有的实验任务均用 z-Tree 编程（Fischbacher，2007），被试全程需要在电脑上操作完成实验任务。我们设计了两种任务顺序来消除顺序效应：顺序一、信任博弈—独裁者博弈—问卷调查；顺序二、独裁者博弈—信任博弈—问卷调查。我们随机安排

① 本章的实验任务和第 3 章的实验室行为实验相比，减少为 2 个任务，原因在于神经科学实验中需要观察脑区激活情况与被试行为决策间的因果联系，因此需要减少实验任务和实验步骤，尽量排除多个实验任务之间可能带来的相互干扰及可能出现的顺序效应。

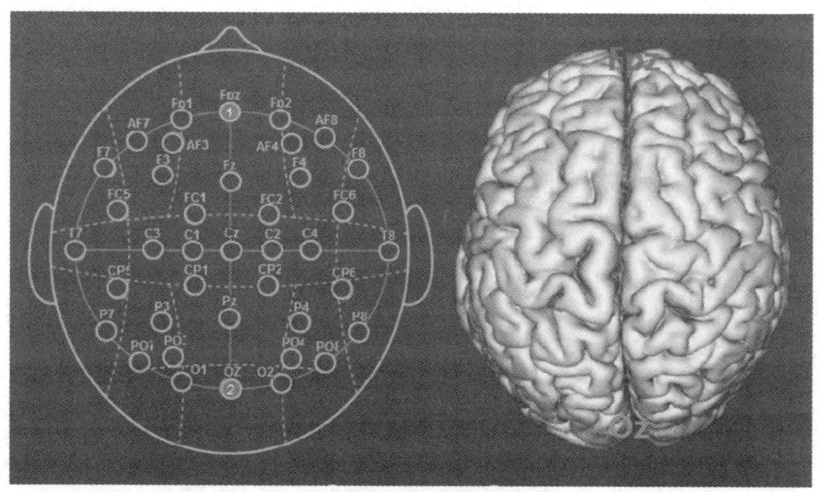

图 5.1　刺激大脑皮层靶区图

（左边为基于国际 EEG10–20 系统的位点图，右边为实际位点图）

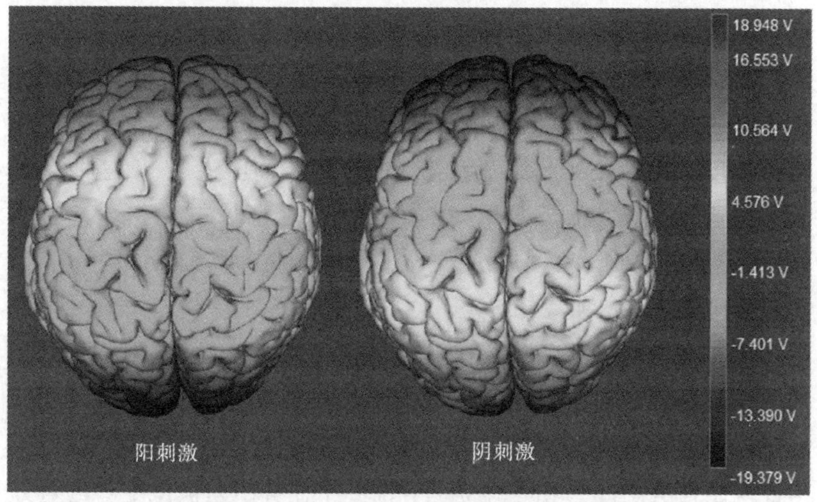

图 5.2　经颅直流电刺激脑区激活示意图

一半的被试按照顺序一完成实验，而另外一半被试则按照顺序二完成实验（图 5.3）。由于实验室博弈实验的特性，每场实验均需要一定数量的被试在实验中进行互动博弈，因此在每场实验中同时会有

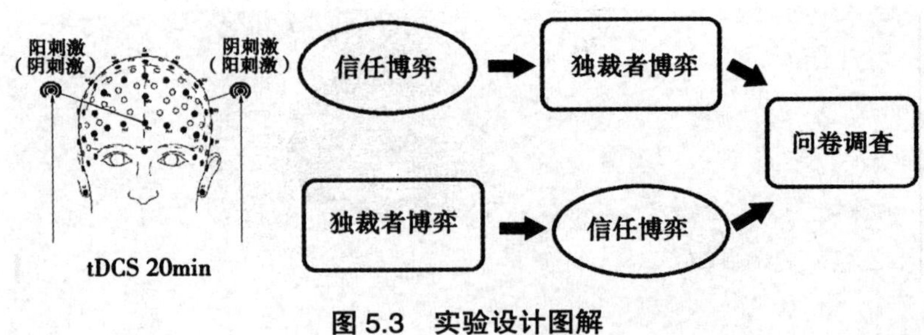

图 5.3 实验设计图解

10 名被试参与[①]，每名被试随机抽取编号落座。这些位置用隔板隔开并拉上了帘子，充分保证了实验的匿名性和隐私性。

在被试接受 20 分钟的直流电刺激以后，每个被试需要与匿名的其他被试完成一个信任博弈实验和一个独裁者博弈实验。一半的被试完成实验的顺序为先进行信任博弈，后进行独裁者博弈，另外一半的被试实验任务顺序则相反。

实验任务一：信任博弈

第一个实验任务为经典的 BDM 信任博弈，测度被试的信任度和可信任度。实验任务与第三章第 3.2 节“博弈任务一：信任博弈实验”相同。

实验任务二：独裁者博弈

我们在实验中采用了标准独裁者博弈来测度被试的利他偏好。实验任务与第三章第 3.2 节“博弈任务三：独裁者博弈实验”相同。

信任博弈和独裁者博弈任务中被试的配对均由电脑随机指定，因此两个任务之间是相互独立的，前一个任务中与被试配对的对方与后一个任务中配对的对方为同一人的概率为 1/9，避免了与同一人

① 被试数量的增加也给实验现场的操作和控制增加了很多难度。每场实验需要有 5 名实验员，每人专门负责给 2 名被试佩戴刺激仪，分发实验说明并解答被试可能提出的疑问。

配对可能带来的声誉效应[①]。

在所有的被试完成上述两个实验任务以后，每名被试将完成一份问卷调查。每个实验任务中扮演的角色及获得的收益情况将呈现在电脑屏幕上。被试获得的总收入为两个实验任务中获得的筹码数加上额外的 20 元出场费。

5.3　可信任行为与利他偏好神经实验结果

我们在浙江大学紫金港校区招募了 64 名大学生被试参加了我们的实验[②]，其中有效被试 60 名[③]（平均年龄为 21.5 岁，年龄为跨度为 17—31 岁；女性 31 人）。被试均为右利手，无任何精神疾病史或脑部损伤史，视力正常或矫正正常。被试的专业涵盖了人文社科、理科、工科、农学、医学、生物学等各个学科。每个被试在实验前均需要在《知情同意书》上签字，表明其已充分了解实验的安全性并自愿参加实验。整个实验从被试进入实验室到拿到现金报酬后离开持续大约 60 分钟，被试人均获得约 46 元人民币的实验报酬。实验地点为浙江大学紫金港校区实验社会科学实验室。没有被试在实验结束后反映接受经颅直流电刺激后有任何的极度不适或副作用。

在信任博弈实验中，被试在扮演委托人角色时的信任投资额测度的是被试的信任度，而在扮演代理人角色时的信任返还额测度的是被试的可信任度。为了使得可信任度数据之间存在可比性，我们用返还率（Ratio）——返还额占 3 倍信任投资额的比例（$\frac{Y}{3X}$）来对可信任度数据进行标准化。信任投资额测度信任度，返还率（Ratio）

① 由于现场有 10 名被试同时参与实验，两次实验任务中碰到同一个被试的概率为 1/9（z-Tree 程序设计中排除了被试碰到自己的可能性）。

② 为防止实验中可能出现的学习效应，我们在被试招募过程中就避免了被试出现重复参与实验的情况。参与过第 3 章和第 4 章中实验的被试不能重复报名参加本章的所有实验。

③ 其中有 4 名被试由于是左利手而未采用其行为实验数据。

测度可信任度，独裁者博弈中的分配额（DGgive）测度利他偏好。

首先，我们验证了不同的实验顺序是否会对被试数据产生影响——即实验中是否存在顺序效应。在作为对照组的伪刺激组中，作为代理人时的返还率及利他偏好均没有显著差异（Ratio：$t(18) = -0.594$，$p = 0.560$；DGgive：$t(18) = 0$，$p = 1.000$，独立样本 t 检验）。在实验中，顺序已经在不同的刺激类型和不同性别中做了平衡，但我们还是用方差分析方法检验了顺序效应，发现不存在“顺序”主效应（Ratio：$F = 0.001$，$p = 0.975$；DGgive：$F = 0.523$，$p = 0.473$）和“刺激类型”与“顺序”的交叉效应（Ratio：$F = 0.266$，$p = 0.768$；DGgive：$F = 0.154$，$p = 0.857$）。

假设一：被试的可信任度与利他偏好之间存在显著相关性。

为了验证该假设，我们用被试的平均返还率和其利他偏好数据进行相关性分析，发现在三个刺激组中，可信任度与利他偏好之间均呈现显著的相关性：伪刺激组的皮尔逊相关系数= 0.479，$p = 0.033$，阳刺激组的皮尔逊相关系数= 0.455，$p = 0.044$ 和阴刺激组的皮尔逊相关系数= 0.539，$p = 0.014$。该结果验证了假设一，发现更为利他的被试往往表现出更高的可信任度，而且该结果在三个不同的刺激组之中表现出一定的稳健性，说明不同的 tDCS 不会影响可信任度与利他偏好之间的相关关系（图 5.4）。在图 5.4 中，我们可以发现，与阴刺激组和伪刺激组数据相比，阳刺激组的被试数据中可信任度和利他偏好之间的二次拟合曲线呈现一个更为陡峭的正向相关关系，这意味着 tDCS 阳刺激可能增强了利他偏好更高的人群中人们可信任返还行为和利他行为之间的相关性。

假设二：被试的信任度会因为 tDCS 刺激作用于 vmPFC 脑区而产生显著改变。

为了验证该假设，我们用方差分析的方法将三个不同刺激组中被试的信任度数据进行了比较分析（三种不同的刺激类型作为被试

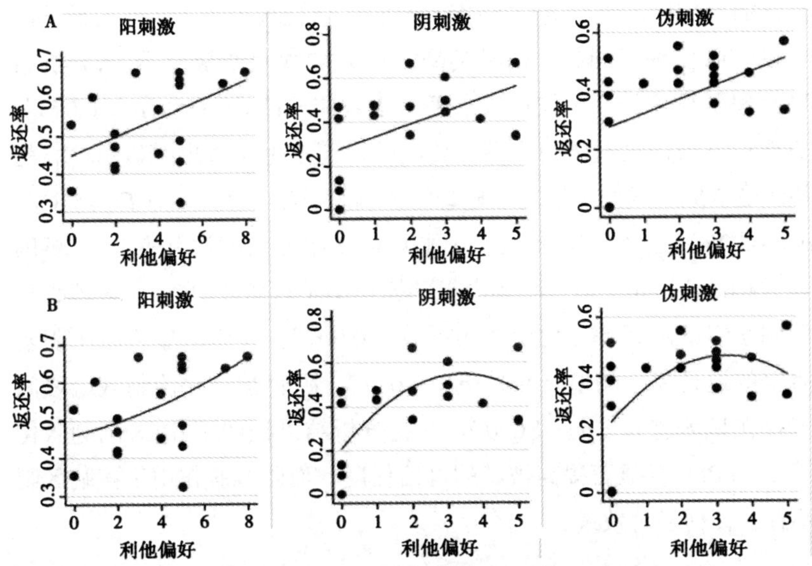

图 5.4　返还率与利他偏好相关性散点图

（纵轴代表代理人的平均返还率，横轴代表被试的利他偏好值。A 为不同刺激类型下可信任度与利他偏好之间的线性拟合图，B 为不同刺激类型下可信任度与利他偏好之间的二次曲线拟合图。）

间变量）。实验结果并没有发现“刺激类型”主效应（$F=2.486$，$p=0.092$）。析因分析（Bonferroni）显示阳刺激组被试与伪刺激组的信任度数据并不存在显著差异性（阳刺激：信任均值= 6.30，伪刺激：信任均值= 4.65，$p=0.155$），阴刺激组被试的信任度与伪刺激组的数据之间同样不存在显著差异性（阴刺激：信任均值= 4.75，伪刺激：信任均值= 4.65，$p=1.000$）。该方差分析结果推翻了假设二，证明了调节 vmPFC 脑区的神经活动不能显著改变被试的信任投资行为。

假设三：被试的可信任度会因为 tDCS 作用于 vmPFC 脑区而产生显著改变。

为了验证该假设，我们用方差分析的方法将三个不同刺激组中被试的可信任度数据进行了比较分析（“信任投资水平”作为被试内变量，而三种不同的“刺激类型”作为被试间变量）。数据分析结果发现了显著的“信任投资水平”主效应（$F=6.315$，$p=0.003$）。随着对方信任投资额的升高，被试的返还率也呈现出明显的升高趋势（图 5.5）。我们还发现了显著的“刺激类型”主效应（$F=5.860$，$p=0.005$）。三个不同刺激组中平均返还率的数据详见表 5.1。析因分析（Bonferroni）显示阳刺激组的返还率（均值 0.536）要显著高于伪刺激组的返还率（均值 0.368，$p=0.007$），同样也显著高于阴刺激组的返还率（均值 0.393，$p=0.027$）。阴刺激组和伪刺激组之间不存在显著差异（$p=1.000$）。方差分析结果证明了 tDCS 阳刺激作用于 vmPFC 会显著提高被试的可信任度，而阴刺激作用于该脑区则不存在任何显著效果。

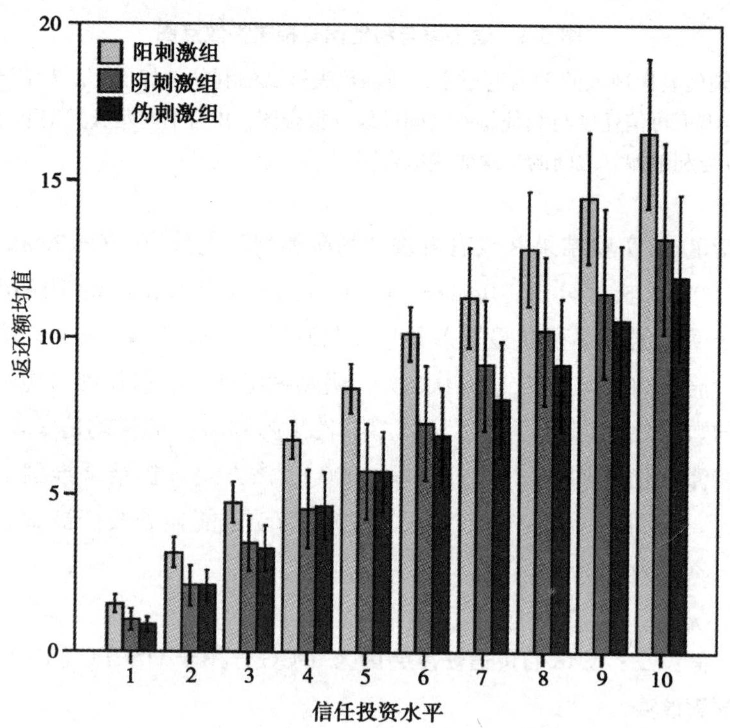

图 5.5　不同信任投资水平下代理人的返还额均值

表 5.1　三个刺激组中各信任投资水平下的平均返还率

刺激类型	信任投资水平									
	1	2	3	4	5	6	7	8	9	10
阳刺激组	50.0	52.5	52.8	56.3	56.0	56.4	53.8	49.7	53.7	55.2
阴刺激组	33.3	35.0	38.3	37.9	38.3	40.6	43.6	39.4	42.4	44.0
伪刺激组	28.3	35.0	36.7	38.8	38.3	38.3	38.3	35.5	39.1	39.8

假设四：被试的利他偏好会因为 tDCS 刺激作用于 vmPFC 脑区而产生显著改变。

为了验证该假设，我们用方差分析的方法将不同刺激组中被试的利他偏好数据进行了比较分析（三种不同的“刺激类型”作为被试间变量）。我们同样发现了显著的“刺激类型”主效应（$F=5.015$，$p=0.010$）。析因分析（Bonferroni）显示接受了阳刺激的被试组表现出的利他偏好（均值 3.75）要显著高于伪刺激组的利他偏好数据（均值 2.00，$p=0.020$），同样也显著高于阴刺激组的利他偏好数据（均值 2.10，$p=0.030$）。阴刺激组和伪刺激组之间不存在显著差异性（$p=1.000$）（图 5.6）。

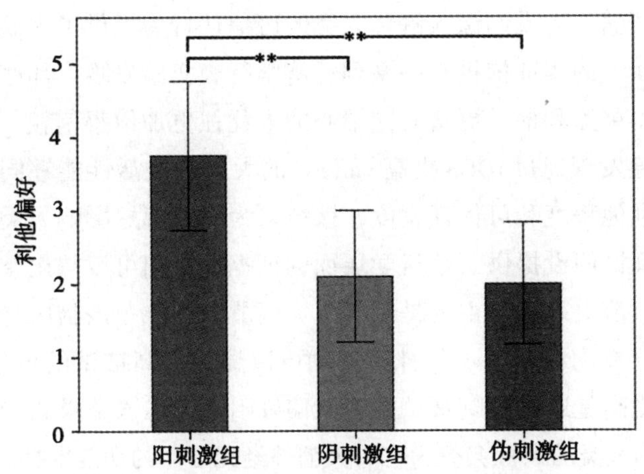

图 5.6　不同刺激类型组别间利他偏好的差异

首先是行为实验上的结果。实验经济学和行为经济学通过实验室实验发现了人们在信任博弈中扮演代理人角色时表现出的返还行为背后的驱动因素之一——利他偏好，即人们并不完全如新古典经济学博弈论所预测的那样关心且只关心自身的收益情况，还会关心他人的收益情况。这种返还行为与利他偏好之间在计量上的正向相关联系已经在世界上的不同性别、不同年龄，甚至不同人种、不同文化、不同社会环境中得到了可重复的充分验证（Cox，2004；Ashraf，Bohnet & Piankov，2006；Chaudhuri & Gangadharan，2007）。本实验重复和验证了前人一系列行为实验研究中得到的结论，发现在伪刺激实验组中，信任博弈中的返还行为与利他偏好之间存在着显著的正向相关关系，说明在个体微观层面上的人际信任关系中，个人内在的利他动机确实会显著影响到其可信任行为，也就是说更加利他的个体往往表现出更多值得信赖的品质。此外，我们还发现在三个刺激组的被试中，随着委托人信任投资额的增加，代理人的返还比例均会有相应的增加（参见表 5.1）。该结果佐证了代理人作出的返还决策是基于委托人信任水平这一特殊情境的假设，说明代理人的可信任返还行为同时受到了互惠偏好和利他偏好的影响。

第二，本实验为代理人可信任度的利他偏好动机提供了脑科学实验的证据，为人们深入解释人类的可信任行为提供了大脑神经元活动层面上的实证依据。一系列经济学行为实验发现，那些在行为上表现得更为利他、更富有同情心的人往往更加值得信赖。本章的神经实验发现通过 tDCS 提高 vmPFC 的大脑神经活性能够同时提高人们的利他程度和可信任程度，该结果为利他偏好影响人类可信任行为的理论假设提供了脑科学层面的证据。我们可以得出结论：通过经颅直流电刺激（主要是阳刺激）调节 vmPFC（该脑区与利他和信任均存在内在联系）的神经活动可以显著提高被试的可信任度，而这种提高是通过影响被试的利他偏好引致的。该结果意味着利他偏好影响人类的亲社会行为有着大脑神经元层面的功能支持。

第三，该实验验证了独裁者博弈中测度的利他偏好与 vmPFC

脑区的神经活跃程度之间的因果联系。功能核磁共振研究发现，通过观测人们 mPFC 脑区的神经活跃程度能够预测其表现出的同情心和利他动机（Mathur et al.，2010；Waytz，Zaki & Mitchell，2012）。vmPFC 损伤的病人同样在独裁者博弈中表现出异常的利他行为——他们分给对方的筹码往往少于其他对照组，这意味着 vmPFC 脑区与人们对其他人的同情心及对他人释出善意等行为和情感之间有着紧密的联系（Krajbich et al.，2009）。然而，对于这种因果关系的检验，在现有的脑成像研究和脑刺激研究中均凤毛麟角。在本实验中，我们发现接受了阳刺激的被试明显表现出了更高的同情心，在博弈中分给其他人的筹码也明显更多，说明了该脑区能够控制和改变人们的利他偏好。

5.4　可信任行为与利他偏好实验的稳健性检验

为了检验主实验得到的结论的稳健性，能够从正反两个方面验证 tDCS 是影响了利他偏好相关脑区的神经活动，导致人们的利他偏好出现了暂时性的改变，并由此在行为上表现出了更多的可信赖的品质，我们设计了控制实验来验证 vmPFC 对于可信任程度和利他偏好产生直接因果联系的脑区特异性。在控制实验中，我们增加了两个刺激组实验，将被试接受大脑皮层刺激靶区设在了前额叶皮层的另外一个区域——右侧 DlPFC，该脑区被认为与人类的自利冲动控制功能相关。增加的两组刺激组分别为右侧 DlPFC 阳刺激组和右侧 DlPFC 阴刺激组。我们将从这两个刺激组获得的被试数据（包括可信任度和利他偏好）与主实验中伪刺激组的被试数据进行方差分析比较，如果我们的分析结果发现控制实验中的两组被试数据与本章主实验中伪刺激组的数据之间不存在显著性差异，则我们可以认为主实验中获得的阳刺激改变被试利他偏好和可信任程度的结果应完全归因于被试与利他相关的脑区 vmPFC 受到了 tDCS 阳刺激的影响，而改变与自利相关的脑区 DlPFC 的神经活动则不会对人们的利他偏好及可信任度产生任何显著性效果。

我们重新招募了 42 名被试（有效被试 40 名[①]，平均年龄为 21.55 岁，年龄跨度为 17—30 岁，21 名女性，无任何精神疾病史或脑部损伤史，视力正常或矫正正常）参加了我们的控制实验。实验前被试将在《知情同意书》上签字并自愿参加我们的实验。实验为单盲实验，被试并不知道本实验的目的、实验假设及接受的刺激类型等信息。

控制实验中使用的仪器设备、实验流程、实验步骤均与本章的主实验完全一致。与主实验的唯一区别在于本控制实验中，被试接受大脑区域的刺激靶区做了相应改变。其中接受右侧 DlPFC 阳刺激组的被试，阳极目标靶区设置在右侧 DlPFC（坐标 F4），而阴极作为回路电极仍然放置在视觉神经皮层（坐标 Oz）。同样的，接受右侧 DlPFC 阴刺激组的被试，阴极目标靶区设置在右侧 DlPFC（坐标 F4），而阳极作为回路电极放置在视觉神经皮层（图 5.7）。增加的两个刺激实验组的被试人数同样是每组 20 人，男女比例在各组之间作了平衡，右侧 DlPFC 阳刺激组和阴刺激组中的女性被试分别为 11 人和 10 人。

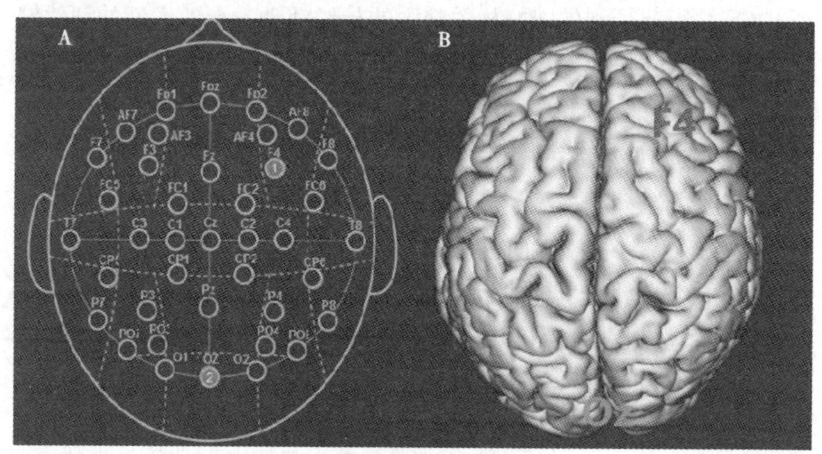

图 5.7　刺激大脑皮层靶区图

（A 为基于国际 EEG10–20 系统的位点图，B 为实际位点图）

① 其中 2 人是左利手，未采用其行为实验数据。

表 5.2 显示了右侧 DlPFC 阳刺激组、阴刺激组和主实验中的伪刺激组之间的平均返还率。在该控制实验中，我们直接将增加的两个数据组（DlPFC 阳刺激组、DlPFC 阴刺激组）同主实验中伪刺激组中的被试在信任博弈中的可信任度和利他偏好数据分别进行方差分析（“信任投资水平”作为被试内变量，“刺激类型”作为被试间变量），分析结果发现了“信任投资水平”变量的主效应显著（$F=20.662$，$p<0.001$），而“刺激类型”的主效应不存在显著性（$F=0.278$，$p=0.758$）。此外，我们还用“信任投资水平”作为被试内变量，“刺激类型”和“刺激区域”（vmPFC 和 DlPFC）作为被试间变量作了重复度量方差分析，结果发现了“刺激类型”和“刺激区域”的交叉效应达到了显著水平（$F=3.990$，$p=0.049$，图 5.8）。

表 5.2　右侧 DlPFC 阳刺激组、阴刺激组和伪刺激组的返还率均值

刺激类型	信任投资水平									
	1	2	3	4	5	6	7	8	9	10
阳刺激组	30.0	37.5	40.6	42.5	43.7	43.9	44.3	41.3	44.6	43.0
阴刺激组	30.0	33.3	40.6	41.3	41.7	41.1	40.7	37.7	43.5	43.8
伪刺激组	28.3	35.0	36.7	38.8	38.3	38.3	38.3	35.5	39.1	39.8

我们同样用方差分析的方法将三个不同刺激组中被试的利他偏好数据进行了比较分析（三种不同的刺激类型分别是右侧 DlPFC 阳刺激、右侧 DlPFC 阴刺激和伪刺激，作为被试间变量）。实验结果显示“刺激类型”主效应并不显著（$F=0.211$，$p=0.810$）。此外，我们还用重复度量方差分析（“刺激类型”和“刺激区域”为被试间变量，“信任投资水平”为被试内变量）比较了 vmPFC 阳刺激组、vmFPC 阴刺激组、DlPFC 阳刺激组和 DlPFC 阴刺激组被试的利他偏好数据之间是否存在显著差异，结果发现显著的“刺激区域”主效应（$F=37.857$，$p<0.001$）以及显著的“刺激类型”和“刺激区域”的交叉效应（$F=7.626$，$p=0.007$，图 5.9）。

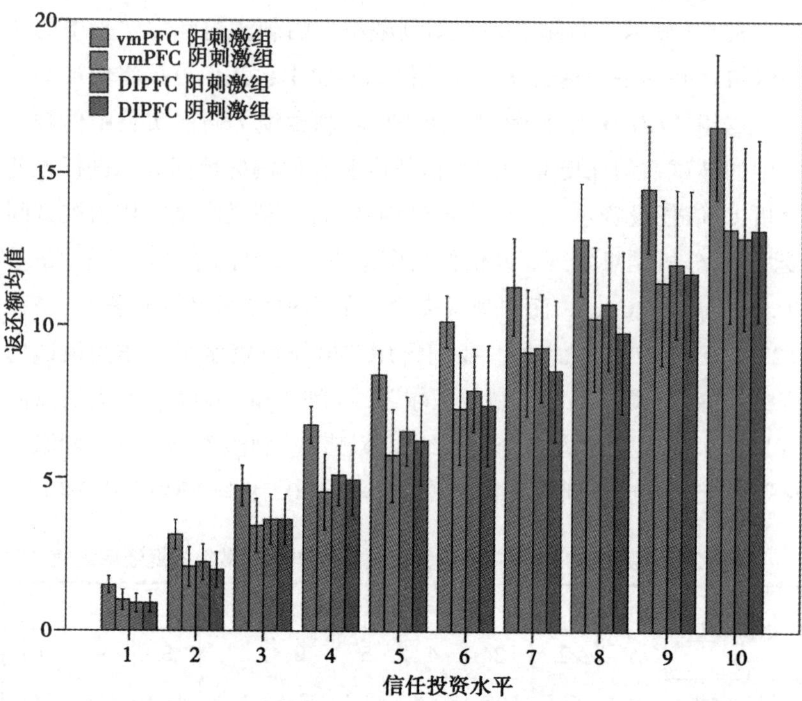

图 5.8 不同信任投资水平下两个脑区、两种刺激组别间的返还额对比图

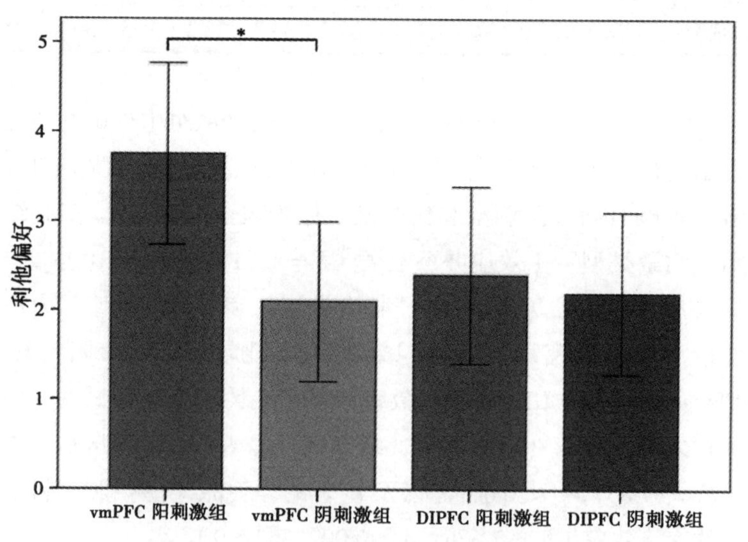

图 5.9 不同刺激类型的利他偏好示意图

控制实验验证了本章的主实验中得到显著效果的有效性。控制实验的结果证明了可信任行为与涉及自利冲动控制的脑区之间不存在因果联系。控制实验的结果中，我们发现尽管增加的右侧 DIFPC 阳刺激组被试中的可信任返还率和利他行为与伪刺激组和右侧 DIPFC 阴刺激组中被试的数据相比均略有升高，但是数据的组间差异远没有达到显著水平。本章中控制实验的结论从反面论证了主实验得到的结论：即人类的可信任行为是与利他偏好紧密相关的，而且可信任行为与利他相关脑区存在着因果联系，但是与自利冲动控制相关脑区不存在因果联系。因此，本章的主实验和控制实验分别从正、反两个方面验证了利他偏好是人类可信任返还行为的重要影响因素。

5.5　本章小结

信任是经济交换的有效润滑剂，在社会生活中扮演着关键的角色。以行为博弈实验为主要研究工具的实验经济学和行为经济学揭示了信任博弈中双方的行为——委托人的信任投资行为（信任度）和代理人的返还行为（可信任度）均显著受到其自身利他偏好的影响。然而不论是在经济学行为实验还是在脑神经科学研究中，大量的科学实验揭示了驱使委托人做出信任投资决策的内在偏好和大脑神经基础，而对于代理人返还行为的研究则相对匮乏，通过神经科学实验控制和剥离影响返还行为的相关偏好的研究更是无人涉猎。一些神经经济学研究表明，人们做出返还行为决策时，其大脑腹内侧前额叶皮层会被显著激活，而该大脑区域在人类社会经济活动中起着不可或缺的关键作用，并与人类的同情心、利他动机等情感相关。然而该大脑区域的神经活动与人类在信任博弈中的返还行为以及利他偏好之间是否存在着必然的因果联系，通过改变利他偏好相关脑区的神经活动能否改变代理人的返还行为，这些问题仍然悬而未决。

本章的实验通过最新的脑神经刺激技术作用于被试的腹内侧前

额叶皮层来调节该脑区的神经活动，揭示了委托人的信任行为和代理人的可信任返还行为与利他偏好之间的关系。本章的实验结果证明了人类的可信任返还行为与利他偏好之间的相关关系能够在大脑神经元活动的层面上进行解释，证明了通过调节特定脑区的神经活动，可以通过改变人们的利他偏好提高人们在博弈实验中的合作程度。该实验结果进一步验证了，人类的可信任返还行为本质上是一种源自个体自身利他偏好的利他行为。而且通过调节 vmPFC 的神经元活跃程度，这种内在的利他偏好能够被激发出来，从而外显为行为上的更高的合作水平。

此外，我们还通过控制组实验（刺激被试前额叶其他自利控制相关脑区，如右侧背外侧前额叶皮层）验证了本章主实验结论的稳健性：即通过改变利他相关脑区能够改变人类的可信任行为，但是改变自利相关脑区则没有这种效果。我们的实验从神经元网络的层面上证明了信任博弈中作为代理人的可信任行为的本质是一种利他行为，受到了利他偏好的显著影响。该结果能够为社会偏好理论提供新的神经经济学的证据。

第6章　结语

我们运用实验经济学和神经经济学的研究方法，通过最新的脑科学刺激技术，重新回归检验了在信任实验中委托人的信任度和代理人的可信任度与风险偏好和社会偏好之间的相关关系，并揭示了信任与相关大脑神经皮质区域的神经活动之间的因果联系。我们通过实验室实验和神经科学实验发现信任度和风险之间不存在显著的相关关系，不论是风险投资决策还是自述风险态度类型数据均无法解释被试的信任投资行为。在实验室实验的基础上，我们通过神经科学实验还发现了风险和信任有着不同的神经基础，信任和风险这两种面对不同性质的不确定性的决策行为，不论是在行为表现上还是在与相关脑区神经元活动的因果联系上均显示出两种不同的结果，证明了信任决策不是一种理性计算。通过实验室实验，我们还发现了人们的可信任度和利他偏好之间存在显著相关关系，且这种相关性在脑科学神经实验中得到了进一步的佐证。本书第三章的行为实验和第四、五章的神经科学实验数据的分析结果均表明，人类的可信任行为显著地受到了个体利他偏好的影响，从而从两个方面（行为表达层面和大脑神经元网络视角）验证了社会偏好理论的有效性。

本书的具体结论如下：

第一，信任风险和自然风险不论在行为上还是相关神经脑区的功能上均呈现出显著的差异性。在行为实验中，信任决策不能用人们的风险偏好进行解释，两者之间没有显著的相关性。在神经科学实验中，我们发现升高人类右侧背外侧前额叶皮质的神经元活动能够显著影响人们的风险偏好，使人表现得更加保守。而右侧背外侧前额叶皮质脑区的神经活动与信任行为之间不存在显著的因果联系。右侧背外侧前额叶皮质脑区被认为与人类的“自利冲动控制”功能相关，说明了改变大脑皮层涉及理性计算相关脑区的神经元活动能够改变风险投资行为，却不能改变信任行为。因此，本书的研究分别从行为表现层面和神经元网络的视角证明了信任并不是新古典经济学理论假设意义上的一种自利的理性计算行为。

第二，我们的研究发现人类的可信任行为与社会偏好密切相关，并且显著受到了社会偏好的影响。我们的实验室行为实验发现，人们的可信任行为与个体社会偏好——利他偏好呈现行为数据上的相关关系。在我们的脑神经实验中，我们同样发现了可信任行为显著受到了互惠偏好和利他偏好的影响。具体来说，提高人类大脑腹内侧前额叶皮质的神经活性能够提高个体的利他偏好程度，从而影响到人们的可信任返还行为（可信任度）。通过本书行为和神经实验的研究，我们证明了社会偏好理论能够很好地解释人类在信任博弈中的可信任返还行为。本研究结果进一步从行为表征层面和大脑神经元网络层面验证了社会偏好中的利他偏好和互惠偏好对人类可信任返还行为的影响。

第三，我们的研究没有发现信任行为与利他偏好及相关脑区之间的因果联系。行为实验中，我们证明了信任行为同样显著受到利他偏好和互惠偏好的影响，但是在脑科学实验中，不论是改变自利控制相关脑区还是利他相关脑区，人们的信任水平均显示出一定的稳健性，并不发生计量意义上的显著改变。该结论可以归因于信任行为受到了多种偏好的影响，由多个脑区进行控制和调节。该结果证明了行为经济学和实验经济学社会偏好理论对于信任行为的解释仍然需要进一步的深化，例如综合多种不同的社会偏好，如利他偏好、不公平厌恶偏好、背叛规避偏好等，通过实验设计对这些偏好进行剥离和验证，从而对信任行为的本质进行深入的揭示和解释。该实验结果证明了社会偏好理论仍然需要进行一定的深化和完善。

第四，我们的行为实验发现，人类的亲社会行为存在着一定的内在一致性，且与其期望密切相关。更为利他的被试往往表现出更高的信任度和可信任度，而愿意信任他人的被试往往也更加值得信赖。人们的行为与其对对方的预期之间呈现显著的相关关系，说明人们对对方行为的预期很可能是基于自己设身处地时会作出何种选择的一种猜测和预期。

第五，在研究如何控制和剥离不同偏好对信任行为和可信任行为的影响、揭示信任行为的本质方面，我们发现控制对照实验是一个很好的实验方法。该方法能够为我们以后的神经科学实验提供实验方法上的支持。第四、五章的两个神经科学研究均采用了在主实验的基础上做了控制实验以验证主实验中刺激效应的稳健性的方法。本研究的结果发现，控制实验能够有效地验证主实验得到的实验结论。因此在今后的实验中，我们可以运用这种方法排除一些无关因素对于考察变量的干扰，从而能够为我们检验和完善经济学相关理论提供帮助。

参考文献

英文参考文献

[1] Aghion P, Algan Y, Cahuc P, et al. Regulation and distrust. *The Quarterly Journal of Economics*, 2010, 125 (3): 1015–1049.

[2] Aimone J.A, Houser D. Beneficial betrayal aversion. PloS one, 2011, 6 (3): e17725.

[3] Aimone J.A, Houser D, Weber B. Neural signatures of betrayal aversion: an fMRI study of trust. *Proceedings of the Royal Society B: Biological Sciences*, 2014, 281 (1782): 2013–2127.

[4] Altmann S, Dohmen T, Wibral M. Do the reciprocal trust less? *Economics Letters*, 2008, 99 (3): 454–457.

[5] Anand S, Hotson J. Transcranial magnetic stimulation: neurophysiological applications and safety [J] . *Brain & Cognition*, 2002, 50 (3): 366–386.

[6] Anderson S.W, Barrash J, Bechara A, et al. Impairments of emotion and real-world complex behavior following childhood-or adult-onset damage to ventromedial prefrontal cortex. *Journal of the International Neuropsychological Society*, 2006, 12 (02): 224–235.

[7] Anderson S.W, Bechara A, Damasio H, et al. Impairment of social and moral behavior related to early damage in human prefrontal cortex. *Nature Neuroscience*, 1999, 2 (11): 1032–1037.

[8] Andreoni J, Miller J. Giving according to GARP: An experimental test of the consistency of preferences for altruism. *Econometrica*, 2002, 70 (2): 737–753.

[9] Arrow K.J. The Limits of Organisation. New York: Norton, 1974.

[10] Arrow K.J. Gifts and exchanges. *Philosophy & Public Affairs*, 1972: 343–362.

[11] Ashraf N, Bohnet I, Piankov N. Decomposing trust and trustworthiness. *Experimental Economics*, 2006, 9 (3): 193–208.

[12] Attanasi G, Battigalli P, Manzoni E. Incomplete information models of guilt aversion in the trust game. *Management Science*, 2015, 62 (3): 648–667.

[13] Axelrod R.M. The evolution of cooperation. Basic books, 2006.

[14] Barber B. The Logic and Limits of Trust. Rutgers University Press, 1983.

[15] Baumgartner T, Fischbacher U, Feierabend A, et al. The neural circuitry of a broken promise. *Neuron*, 2009, 64 (5): 756–770.

[16] Baumgartner T, Heinrichs M, Vonlanthen, A, et al. Oxytocin shapes the neural circuitry of trust and trust adaptation in humans. *Neuron*, 2008, 58 (4): 639–650.

[17] Bechara A, Damasio H, Tranel D, et al. Deciding advantageously before knowing the advantageous strategy. *Science*, 1997, 275 (5304): 1293–1295.

[18] Beeman M, Chiarello C. Right hemisphere language comprehension: Perspectives from cognitive neuroscience. Psychology Press, 1998.

[19] Ben–Ner A, Halldorsson F. Trusting and trustworthiness: What are they, how to measure them, and what affects them. *Journal of Economic Psychology,* 2010, 31 (1): 64–79.

[20] Ben–Ner A, Putterman L. Trusting and trustworthiness. *Boston University Law Review*, 2001, 81 (3): 523–551.

[21] Berg J, Dickhaut J, Mccabe K. Trust, reciprocity, and social history. *Games & Economic Behavior*, 1995, 10 (1): 122–142.

[22] Bernoulli D. Exposition of a new theory on the measurement of risk. *Econometrica*, 1738/1954, 22 (22): 23–36.

[23] Berryhill M.E, Jones K.T. tDCS selectively improves working memory in older adults with more education. *Neuroscience Letters*, 2012, 521 (2): 148–151.

[24] Boggio P.S, Campanhã, C, Valasek C.A, et al. Modulation of decision - making in a gambling task in older adults with transcranial direct current stimulation. *European Journal of Neuroscience*, 2010, 31 (3): 593–597.

[25] Boggio P.S, Khoury L.P, Martins D.C, et al. Temporal cortex direct current stimulation enhances performance on a visual recognition memory task in Alzheimer disease [J]. *Journal of Neurology, Neurosurgery & Psychiatry*, 2009, 80 (4): 444–447.

[26] Bohnet I, Greig, F, Herrmann B, et al. Betrayal aversion: Evidence from brazil, china, oman, switzerland, turkey, and the united states. *American Economic Review*, 2008, 98 (1): 294–310.

[27] Bohnet I, Zeckhauser, R. Trust, risk and betrayal. *Journal of Economic Behavior & Organization*, 2004, 55 (4): 467–484.

[28] Brandts J, Charness, G. Hot vs. cold: Sequential responses and preference stability in experimental games. *Experimental Economics*, 2000, 2 (3): 227–238.

[29] Breiter H.C, Aharon I, Kahneman D, et al. Functional imaging of

neural responses to expectancy and experience of monetary gains and losses. *Neuron*, 2001, 30 (2): 619–639.

[30] Camerer C. Behavioral game theory: Experiments in strategic interaction. Princeton University Press, 2003.

[31] Capra C.M, Lanier K, Meer S. Attitudinal and behavioral measures of trust: A new comparison. Social Science Electronic Publishing, 2008.

[32] Castle E, Eisenberger N.I, Seeman T.E, et al. Neural and behavioral bases of age differences in perceptions of trust. *Proceedings of the National Academy of Sciences*, 2012, 109 (51): 20849.

[33] Chang L.J, Smith A, Dufwenberg M, et al. Triangulating the neural, psychological, and economic bases of guilt aversion. *Neuron*, 2011, 70 (3): 560–572.

[34] Charness G, Dufwenberg, M. Promises and partnership. *Econometrica*, 2006, 74 (6): 1579–1601.

[35] Chaudhuri A, Gangadharan L. An experimental analysis of trust and trustworthiness. *Southern Economic Journal*, 2007: 959–985.

[36] Coleman J. Foundations of Social Theory. Harvard University Press, 1990.

[37] Colzato L.S, Sellaro R, Van Den Wildenberg W.P, et al. tDCS of medial prefrontal cortex does not enhance interpersonal trust. *Journal of Psychophysiology*, 2015, 29 (4): 131–134.

[38] Cook K.S, Cooper R.M. Experimental studies of cooperation, trust, and social exchange. *Trust and Reciprocity*. Russell Sage, 2003: 209–244.

[39] Corcos A, Pannequin F, Bourgeois–Gironde S. Is trust an ambiguous rather than a risky decision. *Economics Bulletin*, 2012, 32 (3): 2255–2266.

[40] Cox J.C. How to identify trust and reciprocity. *Games & Economic Behavior*, 2004, 46 (2): 260–281.

[41] Cox J.C, Sadiraj K, Sadiraj V. A theory of competition and fairness for egocentric altruists. University of Arizona discussion paper, 2002.

[42] Damasio A. *Descartes'error: emotion, reason and the human mind.* Putnam, 1994.

[43] Dasgupta P. Trust as a commodity. *Trust: Making and breaking cooperative relations*, 2000, 4: 49–72.

[44] De Dreu C.K. Oxytocin modulates the link between adult attachment and cooperation through reduced betrayal aversion. *Psychoneuroendocrinology*, 2012, 37 (7): 871–880.

[45] De Martino B, Camerer C.F, Adolphs, R. Amygdala damage eliminates monetary loss aversion. *Proceedings of the National Academy of Sciences*, 2010, 107 (8): 3788–3792.

[46] De Quervain, D. J. –F, Fischbacher U, Treyer V, et al. The neural basis of altruistic punishment. *Science*, 2004, 305 (5688): 1254.

[47] Delgado, M.R, Frank R.H, Phelps E.A. Perceptions of moral character modulate the neural systems of reward during the trust game. *Nature Neuroscience*, 2005, 8 (11): 1611–1618.

[48] Deutsch M. Trust and suspicion. *Journal of Conflict Resolution*, 1958, 2 (4): 265–279.

[49] Dienes Z. Using Bayes to get the most out of non–significant results. *Frontiers in Psychology*, 2014, 5 (781): 781.

[50] Dirks K.T, Ferrin D.L. Trust in leadership: meta–analytic findings and implications for research and practice. *Journal of Applied Psychology*, 2002, 87 (4): 611.

[51] Dolan R.J, Sharot T. Neuroscience of Preference and Choice: Cognitive and Neural Mechanisms. Academic Press, 2011.

[52] Dufwenberg M, Gneezy U. Measuring beliefs in an experimental lost wallet game. *Games & Economic Behavior*, 2000, 30 (2): 163–182.

[53] Dunning D, Fetchenhauer D, Schlösser T.M. Trust as a social and

emotional act: Noneconomic considerations in trust behavior. *Journal of Economic Psychology*, 2012, 33 (3): 686–694.

[54] Ebstein P, The molecular genetic architecture of human personality: beyond self–report questionnaires. *Molecular Psychiatry*, 2006, 11 (5): 427–445.

[55] Eckel C, Wilson K. Is trust a risky decision? *Journal of Economic Behavior & Organization*, 2004, 55 (4): 447–465.

[56] Eisenstadt S.N, Roniger L. Patrons, clients, and friends: interpersonal relations and the structure of trust in society. Cambridge University Press, 1984.

[57] Etang A, Fielding D, Knowles S. Does trust extend beyond the village? Experimental trust and social distance in Cameroon. *Experimental Economics*, 2011, 14 (1): 15–35.

[58] Fairley K, Sanfey A. Vyrastekova, J, et al. Social risk and ambiguity in the trust game. Mpra Paper, 2012.

[59] Fecteau S, Knoch D, Fregni F, et al. Diminishing risk–taking behavior by modulating activity in the prefrontal cortex: a direct current stimulation study. *The Journal of Neuroscience*, 2007, 27 (46): 12500–12505.

[60] Fecteau S, Pascual–Leone A, Zald D.H, et al. Activation of prefrontal cortex by transcranial direct current stimulation reduces appetite for risk during ambiguous decision making. *The Journal of Neuroscience*, 2007, 27 (23): 6212–6218.

[61] Fehr E. On the economics and biology of trust. *Journal of the European Economic Association*, 2009, 7 (2–3): 235–266.

[62] Fehr E, Gächter S. Cooperation and punishment in public goods experiments. *American Economic Review*, 2000, 90 (90): 980–994.

[63] Fehr E, Gächter S. Altruistic punishment in humans. *Nature*, 2002,

415 (6868): 137–140.

[64] Fehr E, Kirchsteiger G, Riedl A. Does fairness prevent market clearing? An experimental investigation. *The Quarterly Journal of Economics*, 1993, 108 (2): 437–459.

[65] Fetchenhauer D, Dunning D. Do people trust too much or too little? *Journal of Economic Psychology*, 2009, 30 (3): 263–276.

[66] Fetchenhauer D, Dunning D. Betrayal aversion versus principled trustfulness—How to explain risk avoidance and risky choices in trust games. *Journal of Economic Behavior & Organization*, 2012, 81 (2): 534–541.

[67] Fischbacher U. z–Tree: Zurich toolbox for ready–made economic experiments. *Experimental Economics*, 2007, 10 (2): 171–178.

[68] Fleming A.S, Rosenblatt J.S. Olfactory regulation of maternal behavior in rats: I. Effects of olfactory bulb removal in experienced and inexperienced lactating and cycling females. *Journal of Comparative & Physiological Psychology*, 1974, 86 (2): 221.

[69] Forsythe R, Horowitz J.L, Savin N.E,et al. Fairness in simple bargaining experiments. *Games & Economic Behavior*, 1994, 6 (3): 347–369.

[70] Frohlich N, Oppenheimer J, Moore J.B. Some doubts about measuring self–interest using dictator experiments: the costs of anonymity. *Journal of Economic Behavior & Organization*, 2001, 46 (3): 271–290.

[71] Fukuyama F. Social capital and the global economy. *Foreign Affairs*, 1995, 74 (5): 89–103.

[72] Güth W, Schmittberger R, Schwarze B. An experimental analysis of ultimatum bargaining. *Journal of Economic Behavior & Organization*, 1982, 3 (4): 367–388.

[73] Gandiga P, Hummel C, Cohen G. Transcranial DC stimulation (tDCS): A tool for double–blind sham–controlled clinical studies in

brain stimulation. *Clinical Neurophysiology Official Journal of the International Federation of Clinical Neurophysiology*, 2006, 117 (4): 845–850.

[74] Glaeser L, Laibson I, Scheinkman J. A, et al. Measuring trust. *The Quarterly Journal of Economics*, 2000, 115 (3): 811–846.

[75] Gneezy U, Haruvy E, Yafe H. The inefficiency of splitting the bill. *The Economic Journal*, 2004, 114 (495): 265–280.

[76] Guiso L, Sapienza P, Zingales, L. The role of social capital in financial development. *American Economic Review*, 2004, 94 (3): 526–556.

[77] Gul F, Pesendorfer, W. The case for mindless economics. The Foundations of Positive & Normative Economics: A handbook, 2008, 1: 3–42.

[78] Henrich J, Boyd R, Bowles S, et al. In search of homo economicus: behavioral experiments in 15 small–scale societies. *American Economic Review*, 2001, 91 (2): 73–78.

[79] Hirsch F. Social Limits to Growth. Routledge, 2005.

[80] Hoffman E, Mccabe K, Smith V.L. Social distance and other–regarding behavior in dictator games. *American Economic Review*, 1996, 86 (3): 653–660.

[81] Hoge E.A, Lawson E.A, Metcalf C.A, et al. Plasma oxytocin immunoreactive products and response to trust in patients with social anxiety disorder. *Depression & Anxiety*, 2012, 29 (11): 924–930.

[82] Holm H.J, Danielson A. Tropic trust versus nordic trust: Experimental evidence from Tanzania and Sweden. *The Economic Journal*, 2005, 115 (503): 505–532.

[83] Holt A, Laury K. Risk aversion and incentive effects. *American Economic Review*, 2002, 92 (5): 1644–1655.

[84] Houser D, Schunk D, Winter J. Trust games measure trust. Munich Discussion Paper, 2006.

[85] Houser D, Schunk D, Winter J. Distinguishing trust from risk: An anatomy of the investment game. *Journal of Economic Behavior & Organization*, 2010, 74 (1): 72–81.

[86] Hsu M, Bhatt, M, Adolphs R, et al. Neural systems responding to degrees of uncertainty in human decision-making. *Science*, 2005, 310 (5754): 1680–1683.

[87] Insel T.R, Young L.J. The neurobiology of attachment. *Nature Reviews Neuroscience*, 2001, 2 (2): 129–136.

[88] Jacobson L, Koslowsky M, Lavidor M. tDCS polarity effects in motor and cognitive domains: a meta-analytical review. *Experimental Brain Research*, 2012, 216 (1): 1–10.

[89] Johansson-Stenman O, Mahmud M, Martinsson P. Trust, trust games and stated trust: Evidence from rural Bangladesh. *Journal of Economic Behavior & Organization*, 2013, 95: 286–298.

[90] Johnson N.D, Mislin A. How much should we trust the World Values Survey trust question? *Economics Letters*, 2012, 116 (2): 210–212.

[91] Kim S.G, Richter W, Uğurbil K. Limitations of temporal resolution in functional MRI. *Magnetic Resonance in Medicine*, 1997, 37 (4): 631–636.

[92] King-Casas B, Tomlin D, Anen C, et al. Getting to know you: reputation and trust in a two-person economic exchange. *Science*, 2005, 308 (5718): 78–83.

[93] Knack S, Keefer P. Does social capital have an economic payoff? A cross-country investigation. The Quarterly Journal of Economics, 1997, 112 (4): 1251–1288.

[94] Knight F.H. Risk, Uncertainty and Profit. New York: Hart, Schaffner and Marx, 1921.

[95] Knoch D, Gianotti L.R, Pascual-Leone A, et al. Disruption of right prefrontal cortex by low-frequency repetitive transcranial

magnetic stimulation induces risk–taking behavior. *The Journal of Neuroscience*, 2006, 26 (24): 6469–6472.

[96] Knoch D, Pascual–Leone A, Meyer K, et al. Diminishing reciprocal fairness by disrupting the right prefrontal cortex. *Science*, 2006, 314 (5800): 829–832.

[97] Knoch D, Schneider F, Schunk, D, et al. Disrupting the prefrontal cortex diminishes the human ability to build a good reputation. *Proceedings of the National Academy of Sciences*, 2009, 106 (49): 20895–20899.

[98] Knutson B, Cooper C. Functional magnetic resonance imaging of reward prediction. *Current Opinion in Neurology*, 2005, 18 (4): 411–417.

[99] Koscik T.R, Tranel D. The human amygdala is necessary for developing and expressing normal interpersonal trust. *Neuropsychologia*, 2011, 49 (4): 602–611.

[100] Kosfeld M, Heinrichs M, Zak P.J, et al. Oxytocin increases trust in humans. *Nature*, 2005, 435 (7042): 673–676.

[101] Krajbich I, Adolphs R, Tranel, D, et al. Economic games quantify diminished sense of guilt in patients with damage to the prefrontal cortex. *Journal of Neuroscience*, 2009, 29 (7): 2188–2192.

[102] Krueger F, Mccabe K, Moll J, et al. Neural correlates of trust. *Proceedings of the National Academy of Sciences*, 2007, 104 (50): 20084–20089.

[103] Kuhnen C.M, Knutson B. The neural basis of financial risk taking. *Neuron*, 2005, 47 (5): 763–770.

[104] La Porta R, Lopez–De–Silane F, Shleifer A, et al. Trust in large organizations. *American Economic Review*, 1996, 87 (2): 333–338.

[105] Lacour P. Intentions and ethical behavior in trust games. *The Journal of Socio-Economics*, 2012, 41 (1): 55–63.

[106] Lally N, Nord C.L, Walsh V, et al. Does excitatory fronto–extracerebral tDCS lead to improved working memory performance? *F1000research*, 2013, 2: 219.

[107] Levitt D, List A. What do laboratory experiments measuring social preferences reveal about the real world? *Journal of Economic Perspectives*, 2007, 21 (2): 153–174.

[108] Li J, Xiao, E., Houser, D. , et al. Neural responses to sanction threats in two–party economic exchange. *Proceedings of the National Academy of Sciences*, 2009, 106 (39): 16835–16840.

[109] Lim M, Young, J. Neuropeptidergic regulation of affiliative behavior and social bonding in animals. *Hormones & Behavior*, 2006, 50 (4): 506–517.

[110] List J.A. Do explicit warnings eliminate the hypothetical bias in elicitation procedures? Evidence from field auctions for sportscards. *American Economic Review*, 2001, 91 (5): 1498–1507.

[111] List J.A, Rasul I. Field Experiments in Labor Economics. *Handbook of Labor Economics*, 2010, 4 (16062): 103 – 228.

[112] Luhmann N. Trust and Power. Chichester: Wiley, 1979.

[113] Mai X, Zhang W, Hu X, et al. Using tDCS to explore the role of the right temporo–parietal junction in theory of mind and cognitive empathy. *Frontiers in Psychology*, 2016, 7.

[114] Mathur V.A, Harada T, Lipke T, et al. Neural basis of extraordinary empathy and altruistic motivation. *Neuroimage*, 2010, 51 (4): 1468–1475.

[115] Mayer C, Davis H, Schoorman D. An integrative model of organizational trust. *Academy of Management Review*, 1995, 20 (3): 709–734.

[116] Mccabe K, Houser D, Ryan L, et al. A functional imaging study of cooperation in two–person reciprocal exchange. *Proceedings of the*

National Academy of Sciences, 2001, 98 (20): 11832–11835.

[117] Mccabe A, Rigdon L. & Smith, L. Positive reciprocity and intentions in trust games. *Journal of Economic Behavior & Organization*, 2003, 52 (2): 267–275.

[118] Mccabe A, Smith L. A comparison of haive and sophisticated subject behavior with game theoretic predictions. *Proceedings of the National Academy of Sciences*, 2000, 97 (7): 3777–3781.

[119] Mcevily B, Radzevick J.R, Weber R.A. Whom do you distrust and how much does it cost? An experiment on the measurement of trust. *Games & Economic Behavior*, 2012, 74 (1): 285–298.

[120] Menon R.S, Ogawa S, Hu, X, et al. BOLD based functional MRI at 4 Tesla includes a capillary bed contribution: Echo - planar imaging correlates with previous optical imaging using intrinsic signals. *Magnetic resonance in medicine*, 1995, 33 (3): 453–459.

[121] Moretto G, Sellitto M, Di Pellegrino G. Investment and repayment in a trust game after ventromedial prefrontal damage. *Frontiers in Human Neuroscience*, 2013, 7: 593.

[122] Neace M. The impact of low trust on economic development: the case of Latin America. *Review of Policy Research,* 2004, 21 (5): 699–713.

[123] Nihonsugi T, Ihara A, Haruno M. Selective increase of intention–based economic decisions by noninvasive brain stimulation to the dorsolateral prefrontal cortex. *The Journal of Neuroscience*, 2015, 35 (8): 3412–3419.

[124] O'doherty P. Reward representations and reward–related learning in the human brain: insights from neuroimaging. *Current Opinion in Neurobiology*, 2004, 14 (6): 769–776.

[125] Phan L, Sripada S., Angstadt M, et al. Reputation for reciprocity engages the brain reward center. *Proceedings of the National*

Academy of Sciences, 2010, 107 (29): 13099–13104.

[126] Putnam D, Leonardi R, Nanetti Y. Making Democracy Work: Civic Traditions in Modern Italy. Princeton University Press, 1994.

[127] Qin X, Shen J, Meng X. Group-based trust, trustworthiness and voluntary cooperation: Evidence from experimental and survey data in China. *The Journal of Socio-Economics*, 2011, 40 (4): 356–363.

[128] Rabin M. Incorporating fairness into game theory and economics. *American Economic Review*, 1993, 83: 1281–1302.

[129] Ranganath C, Ritchey M. Two cortical systems for memory-guided behaviour. *Nature Reviews Neuroscience*, 2012, 13 (10): 713–726.

[130] Rapoport A. Order of play in strategically equivalent games in extensive form. *International Journal of Game Theory*, 1997, 26 (1): 113–136.

[131] Rilling K, Glenn A.L, Jairam, R, et al. Neural correlates of social cooperation and non-cooperation as a function of psychopathy. *Biological Psychiatry*, 2007, 61 (11): 1260–1271.

[132] Rilling K, Gutman, A, Zeh, R, et al. A neural basis for social cooperation. *Neuron*, 2002, 35 (2): 395–405.

[133] Rogers D, Owen M, Middleton, C, et al. Choosing between small, likely rewards and large, unlikely rewards activates inferior and orbital prefrontal cortex. *Journal of Neuroscience*, 1999, 19 (20): 9029–9038.

[134] Rotter B. A new scale for the measurement of interpersonal trust. *Journal of Personality*, 1967, 35 (4): 651–665.

[135] Rouder N, Morey D, Speckman L, et al. Default Bayes factors for ANOVA designs. *Journal of Mathematical Psychology*, 2012, 56 (5): 356–374.

[136] Rouder N, Morey D, Verhagen J, et al. Bayesian analysis of factorial designs. *Psychological Methods,* 2016.

[137] Rousseau M, Sitkin B, Burt S, et al. Not so different after all: A cross–discipline view of trust. *Academy of Management Review*, 1998, 23 (3): 393–404.

[138] Sabel F. Studied trust: Building new forms of cooperation in a volatile economy. *Human Relations*, 1993, 46 (9): 1133–1170.

[139] Samuelson P.A. Foundations of Economic Analysis. Harvard University Press, 1947.

[140] Samuelson P.A，Nordhous W.D. Economics. 12th ed. McGraw–Hill Book Company, 1985.

[141] Sanfey G, Rilling, K, Aronson A, et al. The neural basis of economic decision–making in the ultimatum game. *Science*, 2003, 300 (5626): 1755–1758.

[142] Schechter L. Traditional trust measurement and the risk confound: An experiment in rural Paraguay. *Journal of Economic Behavior & Organization*, 2007, 62 (2): 272–292.

[143] Schniter E, Sheremeta M, Shields W. Limitations to signaling trust with all or nothing investments. *SSRN Electronic Journal*, 2013.

[144] Schotter A, Weigelt K, Wilson C. A laboratory investigation of multiperson rationality and presentation effects. *Games & Economic Behavior*, 1994, 6 (3): 445–468.

[145] Sellaro R, Nitsche M.A, Colzato L.S. The stimulated social brain: effects of transcranial direct current stimulation on social cognition. *Annals of the New York Academy of Sciences*, 2016, 1369 (1): 218–239.

[146] Simmel G, Wolff K.H. The Sociology of Georg Simmel. Free Press, 1950.

[147] Smith V.L. Constructivist and ecological rationality in economics. *American Economic Review*, 2003, 93 (3): 465–508.

[148] Spitzer M, Fischbacher U, Herrnberger B, et al. The neural signature

of social norm compliance. *Neuron*, 2007, 56 (1): 185–196.

[149] Tabibnia G, Satpute A.B , Lieberman M.D. The sunny side of fairness preference for fairness activates reward circuitry (and disregarding unfairness activates self-control circuitry). *Psychological Science*, 2008, 19 (4): 339–347.

[150] Trivers R.L. The evolution of reciprocal altruism. *Quarterly Review of Biology*, 1971, 46 (1): 35–57.

[151] Tseng P, Hsu T.Y, Chang C.F, et al. Unleashing potential: transcranial direct current stimulation over the right posterior parietal cortex improves change detection in low-performing individuals. *Journal of Neuroscience*, 2012, 32 (31): 10554–10561.

[152] Tzieropoulos H. The Trust Game in neuroscience: A short review. *Social Neuroscience*, 2013, 8 (5): 407–416.

[153] Van Den Bos W, Van Dijk E, Westenberg M, et al. What motivates repayment? Neural correlates of reciprocity in the Trust Game. *Social Cognitive & Affective Neuroscience*, 2009, 4 (3): 294–304.

[154] Van Honk J, Eisenegger C, Terburg D, et al. Generous economic investments after basolateral amygdala damage. *Proceedings of the National Academy of Sciences*, 2013, 110 (7): 2506–2510.

[155] Vranceanu R, Sutan A, Dubart D. Trust and financial trades: Lessons from an investment game where reciprocators can hide behind probabilities. *The Journal of Socio-Economics*, 2012, 41 (1): 72–78.

[156] Wang G, Li J, Yin, X, et al. Modulating activity in the orbitofrontal cortex changes trustees' cooperation: A transcranial direct current stimulation study. *Behavioural Brain Research*, 2016, 303: 71–75.

[157] Waytz A, Zaki J , Mitchell P. Response of dorsomedial prefrontal cortex predicts altruistic behavior. *The Journal of Neuroscience*, 2012, 32 (22): 7646–7650.

[158] Wetzels R, Grasman R.P, Wagenmakers, E.–J. A default Bayesian hypothesis test for ANOVA designs. *American Statistician*, 2012, 66 (2): 104–111.

[159] Williamson E. Calculativeness, trust, and economic organization. *The Journal of Law & Economics*, 1993, 36 (1): 453–486.

[160] Wood J.N, Grafman J. Human prefrontal cortex: processing and representational perspectives. *Nature Reviews Neuroscience*, 2003, 4 (2): 139–147.

[161] Wrightsman S. Interpersonal trust and attitudes toward human nature. *Measures of Personality & Social Psychological Attitudes*, 1991, 1: 373–412.

[162] Yamagishi T, Terai S, Kiyonari T, et al. The social exchange heuristic: Managing errors in social exchange. *Rationality & Society*, 2007, 19 (3): 259–291.

[163] Ye H, Chen, S, Huang D, et al. Transcranial direct current stimulation over prefrontal cortex diminishes degree of risk aversion. *Neuroscience Letters*, 2015, 598: 18–22.

[164] Ye H, Chen S, Huang D, et al. Modulating activity in the prefrontal cortex changes decision–making for risky gains and losses: A transcranial direct current stimulation study. *Behavioural Brain Research*, 2015, 286: 17–21.

[165] Zak J, Knack S. Trust and growth. *The Economic Journal*, 2001, 111 (470): 295–321.

[166] Zak J, Kurzban R, Matzner T. Oxytocin is associated with human trustworthiness. *Hormones & Behavior*, 2005, 48 (5): 522–527.

[167] Zand E. Trust and managerial problem solving. *Administrative Science Quarterly*, 1972, 17 (2): 229–239.

[168] Zheng H, Huang D, Chen S, et al. Modulating the activity of ventromedial prefrontal cortex by anodal tDCS enhances the trustee's

repayment through altruism. *Frontiers in Psychology*, 2016, 7.

[169] Zizzo D.J. Experimenter demand effects in economic experiments. *Experimental Economics*, 2010, 13 (1): 75–98.

[170] Zucker L.G. Production of trust: Institutional sources of economic structure, 1840–1920. *Research in Organizational Behavior*, 1986, 8 (2): 53–111.

中文参考文献

[171] 巴德斯利等 . 实验经济学：反思规则［M］. 贺京同，等译 . 北京：中国人民大学出版社，2015.

[172] 陈叶烽 . 亲社会性行为及其社会偏好的分解［J］. 经济研究，2009，12：131–144.

[173] 陈叶烽，叶航，汪丁丁 . 信任水平的测度及其对合作的影响——来自一组实验微观数据的证据［J］. 管理世界，2010，4：54–64.

[174] 陈叶烽，叶航，汪丁丁 . 超越经济人的社会偏好理论：一个基于实验经济学的综述［J］.南开经济研究，2012，1：63–100.

[175] 陈昭燃，张蔚婷，韩济生 . 经颅磁刺激：生理、心理、脑成像及其临床应用［J］. 生理科学进展，2004，35（2）：102–106.

[176] 福山 . 信任：社会美德与创造经济繁荣［M］. 彭志华，译 . 海南出版社，2001.

[177] 格莱姆齐，费尔，卡默勒 . 神经经济学：决策与大脑［M］. 周晓林，刘金婷，译 . 中国人民大学出版社，2014.

[178] 葛新权，王国成 . 实验经济学引论［M］. 社会科学文献出版社，2006.

[179] 吉登斯 . 现代性与自我认同：现代晚期的自我与社会［M］. 赵旭东，方文，译 . 生活·读书·新知三联书店，1998.

[180] 科尔曼 . 社会理论的基础［M］. 北京：社会科学文献出版社，1992.

［181］李建标，李朝阳．信任是一种冒险行为吗？——实验经济学的检验［J］．预测，2013，32（5）：39–43.

［182］刘凤委，李琳，薛云奎．信任，交易成本与商业信用模式［J］．经济研究，2009，8：60–72.

［183］刘盼，刘世文．经颅直流电刺激的研究及应用［J］．中国组织工程研究，2011，15（39）：7379–7383.

［184］卢曼．信任：一个社会复杂性的简化机制［M］．上海：上海人民出版社，2005.

［185］罗俊，汪丁丁，叶航，等．走向真实世界的实验经济学——田野实验研究综述［J］．经济学季刊，2015，2：853–884.

［186］吕浩，唐劲天．经颅磁刺激技术的研究和进展［J］．中国医疗器械信息，2006，12（5）：28–32.

［187］马得勇．信任、信任的起源与信任的变迁［J］．开放时代，2008，4：74–88.

［188］什托姆普卡．信任：一种社会学理论［M］．程胜利，译．北京：中华书局，2005.

［189］王飞雪，山岸俊男．信任的中、日、美比较研究［J］．社会学研究，1999，2：69–84.

［190］王绍光，刘欣．信任的基础：一种理性的解释［J］．社会学研究，2002，3：23–39.

［191］王文胜．居民信任水平的城乡差异分析［J］．中南财经政法大学学报，2009，3：68–72.

［192］王愚，徐春林，达庆利．利他，公平和信任等因素对合作的影响［J］．东南大学学报（自然科学版），2007，37（3）：527–530.

［193］威尔金森．行为经济学［M］．贺京同，译．北京：中国人民大学出版社，2012.

［194］韦倩．信任与社会偏好的神经经济学基础——初步证据［J］．经济资料译丛，2013（1）：18–24.

［195］文建东，何立华．中国“信任之谜”及其解释［J］．经济科学，

2010，3：73–83.

[196] 夏纪军 . 中国的信任结构及其决定——基于一组实验的分析 [J] . 财经研究，2005，31（6）：39–51.

[197] 夏纪军，张来武，雷明 . 利他，互利与信任 [J] . 经济科学，2003，4：95.

[198] 杨中芳，彭泗清 . 中国人人际信任的概念化：一个人际关系的观点 [J] . 社会学研究，1999，2：3–23.

[199] 叶航，陈叶烽，贾拥民 . 超越经济人：人类的亲社会行为与社会偏好 [M] . 北京：高等教育出版社，2013.

[200] 叶航，汪丁丁，贾拥民 . 科学与实证——一个基于“神经元经济学”的综述 [J] . 经济研究，2007，1：132–142.

[201] 叶航，郑昊力 . 信任的偏好与信念及其神经基础 [J] . 社会科学战线，2016，6：31–45.

[202] 臧旭恒，高建刚 . 信任关系的不完全信息动态博弈模型 [J] . 重庆大学学报：社会科学版，2007，13（4）：22–27.

[203] 张维迎 . 信息，信任与法律 [M] . 上海：生活 · 读书 · 新知三联书店，2006.

[204] 张维迎，柯荣住 . 信任及其解释：来自中国的跨省调查分析 [J] . 经济研究，2002，10（5）：59–70.

[205] 张云武 . 不同规模地区居民的人际信任与社会交往 [J] . 社会学研究，2009，4：112–132.

[206] 郑也夫 . 信任论 [M] . 北京：中国广播电视出版社，2001.

附　录

附录一：实验经济学和神经经济学简介

实验经济学

实验经济学源于人们的实证观测结果与传统经济学的理论假设发生系统性背离，即所谓的经济学“异象”。第一个研究“异象”的经济学实验可以追溯到贝努利在 1738 年做的“圣彼得堡悖论”实验（Bernoulli，1738/1954）。20 世纪 60 年代以来，大量的博弈实验，如最后通牒博弈（Güth，Schmittberger & Schwarze，1982）、独裁者博弈（Forsythe et al.，1994）、信任博弈（Berg，Dickhaut & McCabe，1995）、公共品博弈（Fehr & Gächter，2000）等对传统经济学理论构成了“挑战”。由于传统经济学对这些“异象”在解释力上的缺失，实验经济学尝试运用心理学原理和心理实验方法，在可控的实验环境下对某一经济现象进行研究，通过控制实验条件、观察实验参与者行为和分析实验结果，来检验、比较和完善经济理论或提供决策依据。当前，由诺贝尔奖获得者弗农·史密斯等发展起来的实验经济学的研究范式已成为经济学领域一个重要的研究方向。

实验室实验（Laboratory Experiments）

实验经济学的主要研究方法是实验室实验。关于经济理论的实验与物理化学实验一样，包含实验设计、选择实验技术设备、实验步骤、分析数据及报告实验结果等环节。但是由于在实验室实验中，实验对象为社会中的人，需要验证的是人的行为命题，因此需要经济理论的实验运用有别于物理、化学实验的方法。其中最主要的区别在于将实验对象或主体的心理因素和活动特征纳入到了经济学实验中来（葛新权和王国成，2006）。

实验经济学的主要特点在于引入心理学的研究方法，实现在经济学理论研究工具上的创新，因此某种意义上来讲，实验经济学更多的是经济学研究方法上的创新。萨缪尔森在其著作《经济学》中曾写到："一种可能发现经济法则的方法就是运用可控的实验，但不幸的是，经济学家不容易控制其重要因素，因此无法进行类似化学家和生物学家所做的实验，他们只能像天文学家或气象学家那样借助观察的手段。"（Samuelson & Nordhous，1985）对于"社会科学不可试验"这一论断，实验经济学家当然是持否定的态度：经济理论完全可以通过经济学实验进行检验。经济学实验室实验就是通过模拟和再造理论的环境和机制基础，得到实验对象的行为观察结果来检验经济学理论，验证该理论对于经济学现象的解释和预言是否与所观测到的事实保持一致。

与传统经济学研究一般运用逻辑演绎的方法对经济现象进行研究不同，实验经济学提出了一种利用实验的方法，对传统的经济解释方法进行了拓展。通过传统的统计验证所获取的数据存在如下缺陷：首先是传统的经验数据具有不可重复性，即所谓"历史不能重复"；第二个缺陷是数据的"整体性"缺陷。传统经济学研究获得的经验数据是一种整体的数据，这些经验数据中既包含特定理论 / 假说的特殊环境，又包含众多的干扰因素。

实验室实验则有效弥补了上述传统检验方式的不足。行为实验的方法具有如下两个优点：可重复性和可控性。实验经济学家能够再造实验条件来克服传统经济学经验数据不可复制的缺陷；实验室条件的可操纵性又能够有效地控制各种干扰因素对观测结果可能带来的影响。实验室研究方法的这些特性可以使实验对象只需要面对与研究主题相关的环境变量，而不必面对其它的影响因素。

实验经济学运用的实验室实验方法也正因上述这两个特点而存在如下弱点：实验室实验的外部有效性（external validity）问题一直备受质疑。实验中人的行为除了受到物质激励的影响外，还会受到其他多种因素的干扰，这些因素在实验室环境下和在真实世界中往往并不相同。因此在实验室实验中获得的对人类特定行为上的解释力能否延伸扩展到对现实世界中人的行为上的解释，这些仍然是实验经济学目前面临和急需解决的重要问题。实验室实验还存在着内部有效性（internal validity）的问题。在现实经济实验中，许多相同的实验在不同的实验者的设计或执行下却有可能出现完全不同的研究结论，这种潜在的实验者效应（Zizzo，2010）严重影响了实验的可重复性（尼古拉斯·巴德斯利等，2015）。

田野实验（Field Experiments）

田野实验正是来源于实验经济学家对于实验室实验外部有效性的反思。恰恰是由于可控性这一特定，实验室实验获得内部有效性最大化的代价是牺牲掉其外部有效性（List，2001）。实验室实验存在的外部有效性问题一直以来都是经济学家争论的焦点。例如研究社会偏好的实验室实验研究中，除了实验本身的控制变量之外，被试的行为往往还受到其他各种因素的影响，这些因素在实验室环境和真实世界的情况常常是不一致的（Levitt & List，2007）。因此，实验经济学家开始推动实验经济学向田野实验发展：与实验室实验相比，田野实验的突出特点就在于更加贴近现实世界。田野实验实质上是对实验室实验的一种补充和完善，是将实验室实验获得的一般性结论拿到现实环境中的一种检验。

田野实验具有现实性和科学性的特点。现实性指的是田野实验的情境比实验室实验更加真实。与实验室实验的被试往往是学生被试不同，田野实验的被试可以是社会上的形形色色的人，如车间工人、公司首席执行官、渔民，等等（罗俊等，2015）。除了被试类型不同以外，田野实验的现实性还体现在实验设计中嵌入了真实的情境。有研究显示不同的情境下，田野实验获得的实验结论与实验室实验获得的实验结果截然不同（Gneezy，Haruvy & Yafe，2004）。

田野实验的科学性则表现为能直接和方便地检验变量之间的因果关系。当然田野实验的这些优点也是建立在田野实验的操作难度上的：研究者往往需要花费大力气采集大量自然数据（naturally occurring data），用复杂的统计计量方法来对变量之间的因果联系进行检验。由此我们可以发现，田野实验实际上是以牺牲可控性、增加复杂性来弥补实验室实验缺乏外部有效性的不足（实验室实验和田野实验的特点比较详见下表）。

实验室实验和田野实验的特点比较

	非实验	自然实验	自然田野实验	框架田野实验	人造田野实验	实验室实验
实验环境	田野	田野	田野	田野	实验室	实验室
真实激励	否	否	否	是	是	是
真实任务或信息	真实情境	真实情境	真实情境	真实情境	抽象	抽象
知晓实验	否	否	否	是	是	是
实验者干预	否	否	是	是	是	是
被试合理性	是	是	是	是	是	否
外生变量	否	是	否	否	否	否

注：参考李斯特和拉苏尔（List & Rasul，2010）表 1 内容编制。

神经经济学

神经经济学源自20世纪90年代认知神经科学的诞生。由于实验经济学存在外部有效性和内部有效性的问题，人们对于实验经济学的实验手段和实验方法仍存在疑虑。面对实验室实验中无法完全进行控制的如文化、环境、心理等因素的干扰，实验经济学家在努力完善实验设计的同时仍不免需要引入心理学，甚至是社会学的理论对实验观测到的结果加以解释。行为经济学和实验经济学所面临的困境在于：当大脑对于研究者来说仍然是一个充满未知的“黑箱”时，对人类行为和心智的任何解释都难以成为真知灼见（叶航，汪丁丁和贾拥民，2007）。如果说田野实验是实验经济学家为了弥补实验室实验外部有效性而求助于对外部真实世界变量的扩充和模拟，那么神经经济学就是实验经济学家为了弥补实验室实验的不足而求助于对人类大脑内部本质属性的探索和发展。

神经经济学的产生正是源于此。随着神经科学探测技术的飞速发展及其广泛应用于医学临床、脑神经科学和经济学等领域，人类大脑这一“黑箱”逐渐被打开。非侵入性人类大脑活动成像技术，如功能性核磁共振成像技术能够直接将大脑区域“点亮”，这对于神经科学、心理学、经济学领域，以及其他领域都有着广泛而又深远的影响。脑成像技术开始广泛应用于脑神经科学、行为经济学和实验经济学领域标志了神经经济学的诞生。运用最新的大脑探测技术，神经经济学家终于能够无创伤地深入到人的大脑内部，观察和研究大脑在感知、估价及决策过程中所表现出来的基本特征，揭开人类行为的大脑神经机制，进一步验证、解释、补充和建构经济学理论。

2001年，汉斯·布雷特、彼得·希兹加尔和丹尼尔·卡尼曼等发表在《神经元》（*Neuron*）杂志上的研究以“前景理论”为基础进行了脑成像实验，结果发现大脑中腹侧纹状体的激活与理论预测相符（Breiter et al.，2001）。同年，凯文·麦凯布、弗农·史密斯和丹尼尔·豪斯团队在《美国科学院院刊》上发表了关于风险决策与信任决策的脑成像研究，发现人类在面对风险和面对信任决策时，其内侧大脑前额叶皮质的激活程度存在显著差异。基于该实验结果，文章作者假设人类的合作模式起源于前额叶的脑区回路（McCabe et al.，2001）。

行为经济学家迈克尔·科斯菲尔德和苏黎世大学的实验经济学和行为经济学家恩斯特·费尔及其研究团队于2005年在《自然》上发表了一篇重要的神经科学论文。在科斯菲尔德等的实验设计中，实验被试需要通过鼻腔把一种荷尔蒙激素——催产素喷入体内增加大脑中的催产素含量水平。与喷入安慰剂的被试对照组相比，喷入催产素的被试组的信任程度显著提高了，但是对其在风险决策中的行为不产生影响。该实验表明了社会风险偏好和自然风险偏好分别有着不同的神经生理基础（Kosfeld et al.，2005）。神经经济学家保罗·扎克（Paul Zak）还对信任的神经机制进行了系统性的研究。扎克通过检测被试血浆中催产素的含量浓度，验证了催产素与信任博弈中的可信任度之间的关系。该实验发现委托人自主做出投资决策（有意图的信任）和由电脑代替委托人做出投资决策相比，代理人血液中催产素含量会显著增加。而且催产素含量越高的代理人，其可信赖度也越高（Zak，Kurzban & Matzner，2005）。

神经经济学的发展伴随着非侵入性脑成像技术的发展，然而这种技术的其中一个局限性在于它们得到的都是大脑活动相关指标的数据，但是很难确定特定脑区的激活与特定行为决策之间的因果联系。这一限制被最新的非侵入性大脑刺激技术，如经颅磁刺激和经颅直流电刺激所打破（格莱姆齐，费尔和卡默勒，2014）。在20世纪90年代和21世纪初，神经经济学涌现了大量的关于脑成像和脑刺激的研究。如2006年，恩斯特·费尔团队发表在《科学》上的脑刺激实验发现通过经颅磁刺激暂时“破坏”人类大脑右侧前额叶皮质能够使人们在最后通牒博弈中更愿意接受不公平的分配，但被试对于公平感的主观评价并不会受到这种磁刺激的影响。该实验从神经经济学的角度证明了“关闭”右侧前额叶皮质的功能改变了人们在不公平分配中的行为，但却并不改变人们对于公平感的主观判断（Knoch et al.，2006b）。因此，神经经济学通过脑刺激实验与神经成像实验相结合的方式，能够使分离出存在因果性的、影响选择行为的决策神经网络成为一种可能（格莱姆齐，费尔和卡默勒，2014）①。

脑功能成像技术

（1）测量脑内化合物的方法

目前用于测量活体人类脑内化合物的方法主要有3种：单光子发射计算机断层显像技术（single photon emission computerized tomography，SPECT）、正电子发射断层成像技术（positron emission tomography，PET）和磁共振波谱分析技术（magnetic resonance spectroscopy，MRS）。其中SPECT和PET需要注射放射性核素，基本原理是通过仪器对注射进人体内的放射性物质进行捕捉成像，或者对放射性标记物的分布和含量进行测度和数据处理。应用这两种方法可以观察酶、递质、受体等生物分子在大脑内的分布及代谢情况，而且能够通过测量葡萄糖和氧代谢情况了解大脑局部脑区的神经活动情况和神经元兴奋水平，不仅仅在诊断和治疗中都有非常重要的临床应用，在认知神经科学中也有着广泛的应用价值。MRS则是运用化学位移的原理完全无损伤地测量脑组织局部某些小分子化合物。该技术被用于研究脑发育的变化规律和脑部疾病的诊断。

（2）测量脑局部代谢和血氧变化的方法

功能磁共振成像（fMRI）是一种90年代在脑研究领域兴起的神经影像学方式，是一种非侵入性活体脑功能检测技术。由于其时间和空间分辨率均优于PET，已成为研究人类大脑中高级神经活动的重要技术手段。fMRI的原理是测量大脑局部血氧水平依赖

① 更多关于神经经济学的相关介绍请参见《神经经济学：决策与大脑》（格莱姆齐，费尔和卡默勒，2014）、《超越经济人——人类的亲社会行为与社会偏好》（叶航，陈叶烽和贾拥民，2013）。

（blood-oxygenation level dependent，BOLD）的改变。去氧血红蛋白（Deoxyhemoglobin）比氧合血红蛋白（Oxyhemoglobin）更具有顺磁性，所以它本身就有和组织一样的磁敏感性。因此去氧血红蛋白可以看成是天然的对比剂。当脑组织兴奋时，局部注入大量氧含量丰富的新鲜血液，从而使局部去氧血红蛋白的含量下降，采用对磁场不均匀性十分敏感的 MR 成像序列，我们就能在脑皮层血管周围得到 MRI 信号的变化。fMRI 研究在视觉、听觉、嗅觉、运动、感觉及语言等基础研究方面均取得了一定的进展。与 PET 和 SPECT 相比，fMRI 可在无须对比剂和放射剂的条件下进行人脑功能定位的研究，且具有较高的空间分辨率。由于 fMRI 测量的信号不是直接的神经活动信号，其测量的血氧变化信号一般会滞后于神经活动 4—8 秒，存在着响应延迟（Menon et al.，1995；Kim，Richter & Uğurbil，1997）。目前能够达到的时间分辨率在数百毫秒数量级。

另外一种观察大脑血氧浓度变化的方法是光学成像技术。一种是采用可见光作为内源性光源，该技术的空间和时间分辨率都很高，但是由于可见光穿透性差，一般只能在开颅条件下才能应用，因此目前较多地应用在对于动物大脑神经系统上的研究。另外一种内源性光学成像技术为功能性近红外光谱技术（functional near-infrared spectroscopy，fNIRS），该技术以近红外光作为光源，无需开颅即可通过近红外光对大脑血氧浓度的不同反射率来观察脑组织的活动。该技术有着造价较低、便携性好、低噪音、对被试限制较少等优势，其缺点是空间和时间分辨率都不甚理想，因此在认知神经科学研究中尚不普遍。

（3）测量脑内神经元活动的方法

目前最普遍的用于直接测量人类大脑神经元活动的技术主要有脑电图（electroencephalography，EEG）、脑磁图（magnetoencephalography，MEG）以及以这两种技术为基础发展起来的事件相关电位技术（event-related potential，ERP）。这些技术能够提供一些空间信息，因此在广义上也可以称为脑功能成像技术。

EEG通过在大脑头皮放置电极记录脑细胞的生物电活动，MEG利用超导量子干涉器记录由脑内电流改变引起的脑磁信号的变化。在认知神经科学中更为有效的是ERP技术。ERP技术是一种特殊的脑诱发电位，本质上是与特定的刺激或者时间相关联的脑电活动。由于单次刺激会被淹没在自发脑电中而无法观测到，因此需要通过叠加技术把特定刺激引起的诱发电位显现出来。诱发电位与刺激之间有相对固定的时间间隔（锁时关系），每次诱发的脑电波波形恒定，因此可以进行叠加，放大诱发电位，消除无关的脑电活动（脑成像技术的特点及比较见下表）。

不同脑功能成像技术的特点及比较

名称	PET	fMRI	fNIRS	ERP
测量介质	γ射线	电磁波	近红外光	诱发电位
原理	测量标记物含量推算局部血流和代谢	血氧浓度改变引起MR信号的变化	近红外技术检测脑局部代谢引起的光学特征变化	利用诱发电位与刺激之间的锁时关系叠加信号
特点	灵敏度高，化学选择性高，空间分辨率中等	空间分辨率高，时间分辨率中等	空间和时间分辨率均较低	时间分辨率高，空间分辨率低
放射性	有	无	无	无
强磁场	无	有	无	无
费用	500万美金	200万美金	十余万—数十万美金	数万—十余万美金
时间分辨率	分	秒	100毫秒	毫秒

脑刺激技术

（1）经颅磁刺激

经颅磁刺激技术是一种无创、无痛、无损的，利用脉冲磁场作用于大脑神经系统，通过改变大脑皮层神经细胞的膜电位，产生感应电流，对脑内代谢和神经电活动产生影响的生物刺激技术。根据刺激脉冲的不同，TMS 可以被分为三种刺激模式：单脉冲 TMS（sTMS）、双脉冲 TMS（pTMS）以及重复性 TMS（rTMS）。sTMS 由手动控制无节律脉冲的输出，可以激发多个刺激，但刺激间隔较长（如 10 秒），因此只需要一个刺激器。sTMS 产生的弱电流场可以引起大脑皮层的去极化。pTMS 需要一个刺激器在同一个刺激部位以极短的间隔连续给予两个不同强度的刺激，或者在两个不同的部位应用两个刺激仪（又称作 double-coil TMS，dTMS）。pTMS 中的第一个刺激引起神经元活化后，能够降低神经元对下一个刺激的反应阈。rTMS 分为高频和低频两种，则需要在同一个刺激部位给出慢节律低频或快节律高频 rTMS。rTMS 中的慢刺激模式趋向于引起皮层的抑制，快刺激模式则会引起兴奋（陈昭燃，张蔚婷和韩济生，2004）。

该技术相较于电刺激技术的优势在于能够实现对颅脑深部的刺激。在传统的电刺激技术中，由于采用表面电极进行刺激时电场迅速发散，根本无法达到大脑深层部位；而植入性电极则由于有创性而无法得到广泛的应用。由于骨骼、肌肉等电的不良导体对磁的损耗非常小，因此 TMS 可以实现对脑部深层区域的刺激（吕浩和唐劲天，2006）。但是 TMS 技术也存在一定的问题，该技术的磁场强度可能会对被试的认知、感知和情绪等造成潜在的影响，且适用人群有一定的限制条件（Anand & Hotson，2002）。因此，TMS 在神经科学研究领域的运用逐渐被经颅电刺激技术所取代。

（2）经颅直流电刺激

tDCS 技术是一种无创、安全的脑刺激技术，通过弱电流经颅刺激目标靶区引起脑兴奋性的改变，调节大脑神经细胞的活动。该刺激技术调节大脑神经活动的原理与 TMS 不同：tDCS 不是通过阈上刺激引起神经元放电，而是通过调节神经网络的活性进而发挥作用。tDCS 对皮质兴奋性的调节是通过刺激极性的不同，进而引起神经元水平上静息膜电位超极化或去极化的形式实现的。tDCS 可以提供三种基本的刺激模式：阳刺激会激活被试大脑皮层的兴奋性（超极化），阴刺激会抑制被试大脑皮层的兴奋性（去极化）；伪刺激作为一种对照基准，给被试提供某种虚拟的刺激感受，但并不改变被试大脑皮层的兴奋性。研究者通过观察 tDCS 对被试大脑皮层某一功能区刺激后所引起的行为变化，就能在该脑区与人类的行为偏好之间建立起可控制、可重复、可验证的因果联系。tDCS 对大脑皮层神经细胞放电活性的影响取决于刺激电流强度和持续时间两个因素。出于安全性考虑，电流强度通常被限制在 2mA（毫安）以内。如果持续时间足够长，刺激后大脑皮层兴奋性的改变可达 1 小时以上（Jacobson，Koslowsky & Lavidor，2012）。已有的 tDCS 研究通常刺激 10—20 分钟，就可以观察到被试心理与行为的显著改变。有研究报告表明，5 分钟的刺激时长已能诱发出相应的刺激效应（Boggio et al.，2009）。tDCS 的优点在于：与 TMS 刺激相比，tDCS 的刺激强度较弱，但能够有效引起大脑皮层兴奋性的改变，且刺激后的效果要比经颅磁刺激持久，且几乎不会引起不良反应。此外，tDCS 刺激所用仪器更为简便、易携带，设备的价格也较 TMS 设备更为低廉。最大的优点在于 tDCS 可设立伪刺激组作为对照组进行对照研究（刘盼和刘世文，2011）。

附录二：第 3 章实验说明及注意事项

实验注意事项

您所抽到的计算机编号为______号，请您入座相应编号的计算机位置。

1. 为了实验有序正常进行，请您听从实验员的统一安排，先不要动计算机。实验现场请您关闭手机或调到静音，保持安静直到您离开机房，在实验过程中禁止和别的同学有任何形式的沟通。如果您有任何问题，请您向实验员举手示意，我们会马上私下解答您提出的问题。本实验过程中请严格遵照实验员的指导。

2. 有偿性：参加本次实验您将获得一定的现金报酬。请您在实验开始之前仔细阅读下面的这份实验说明，充分理解实验说明有助于您在实验过程中的具体决策，并在实验完成之后根据您的决策获得相应的实验筹码，每个实验我们会按照一定的兑换比例将您在实验中所得的总筹码兑换成人民币给您。比如实验完成后您获得 30 个筹码，假如兑换比例为 1 个筹码对应 1 元，那么您就会获得 30 元的现金，另外加上 10 元钱的出场费，那么您参加本次实验的总报酬为 40 元现金。

3. 匿名性：您在实验操作过程中是完全匿名的，别人无法知道您的决策，您也无法知道别人的决策。

4. 隐私性：本实验中您的个人信息和决策信息将会严格保密，整个实验过程不会要求记录，也不需要您的名字或学号信息。在实验完成后请您坐在原位暂时不要离开、稍等片刻，当我们叫到您的计算机编号时，您到实验员处会私下得到一个装有实验收益（现金）的信封，您的所得只有您一个人知道，其他人无法知道您获得了多少的实验收益。

5. 实验一开始您会拿到一份实验说明、一张草稿纸（如果有任何运算请在草稿纸上进行）及一支笔，在获取实验收益并把您的实验说明、草稿纸及笔交还给我们后即可离开机房。

6. 本次实验将分成四个小实验，您将先完成第一步即下面实验说明（一）的内容，然后实验员会继续给您一份实验说明（二），相应继续完成实验说明（二）中的内容，然后是实验说明（三）和实验说明（四）。

实验说明（一）：总共分为 2 个部分

第一部分：实验问题测试。在实验 1 开始前您要参与一份问题测试，每道测试题需要您输入一个答案（**输入的是一个具体的经过您计算之后的数字**），测试是为了让您更好地理解实验中您的收益支付的计算，以便您在实验中更好地决策，只有通过测试后您才能参加正式的实验。具体的测试题背景知识内容在下面的第二部分，您将会在阅读完下面的实验细则后对测试题内容有所了解。

第二部分：正式的一个实验任务。通过问题测试后，您将进入正式的实验，在这部分中您将进行实验 1，具体实验规则如下。

实验 1　在该实验中电脑将随机分配您和其他一位同学组成一组，分别扮演两个不同的角色：角色 A 和角色 B。双方一开始都分别获得 10 个筹码。角色 A 可以选择 0 到 10 个筹码之间的任何一个筹码数额投资给角色 B，如果角色 A 投资了 X 个筹码数额给角色 B，角色 B 将相应地获得 $3X$ 个筹码数额的收益，并且随后角色 B 需要选择 0 到 $3X$ 之间的任何一个筹码数额 Y 返还给角色 A。

实验 1 的收益决定规则如下：如果角色 A 的投资额为 X，角色 B 选择返还给角色 A 的数额为 Y，则角色 A 的收益为 $10-X+Y$，角色 B 的收益为 $10+3X-Y$。

具体实验操作步骤：

一开始电脑并未决定您和同组的同学分别扮演哪个角色，您需要：

1. 输入当您作为角色 A 时，您愿意投资多少个筹码数额给角色 B。

2. 输入当您作为角色 A 时，在各种可能的投资额的情况下，您预期作为角色 B 的同学的返还额（如图 1 所示）。如果您的预期与角色 B 的返还额之间的差值小于等于 1，您将获得额外的 1 个筹码的奖励。

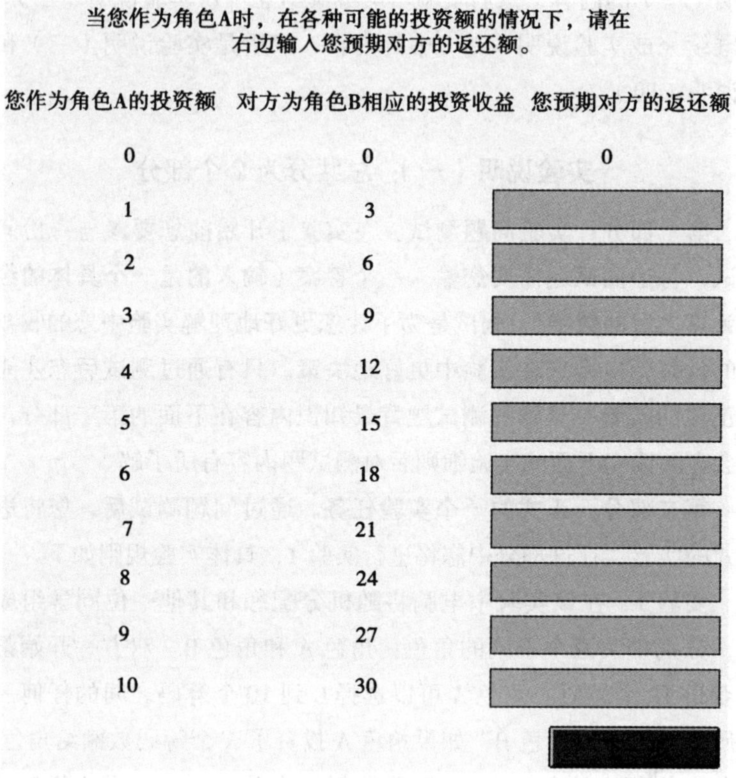

当您作为角色A时，在各种可能的投资额的情况下，请在右边输入您预期对方的返还额。

您作为角色A的投资额	对方为角色B相应的投资收益	您预期对方的返还额
0	0	0
1	3	
2	6	
3	9	
4	12	
5	15	
6	18	
7	21	
8	24	
9	27	
10	30	

图 1

3. 最后需要输入您作为角色 B 时，在对方作为角色 A 的各种可能投资额的情况下，您愿意返还给作为角色 A 的对方的数额。

之后电脑会随机决定您和同组的同学谁扮演角色 A，谁扮演角色 B，然后根据**实验 1 的收益决定规则**分别决定双方的收益。您在实验 1 中的总收益为该收益规则下获得的收益加上额外从预期中获得的收益。

注：您的本次实验收益以及相应的决策信息将在所有实验结束

后显示给您，并且该实验收益将以 1 单位实验筹码兑换成 1 元的兑换比率兑换成现金支付给您，该实验只进行 1 轮。

以上实验游戏请务必认真思考后再输入您的决策，一旦输入将无法更改。

实验说明（二）：总共分为 2 个部分

第一部分：实验问题测试。在实验 2 开始前您要参与一份问题测试，每道测试题需要您输入一个答案（**输入的是一个具体的经过您计算之后的数字**），测试是为了让您更好地理解实验中您的收益支付的计算，以便您在实验中更好地决策，只有通过测试后您才能参加正式的实验。具体的测试题背景知识内容在下面的第二部分，您将会在阅读完下面的实验细则后对测试题内容有所了解。

第二部分：正式的一个实验任务。通过问题测试后，您将进入正式的实验，在这部分中您将进行实验 2，具体实验规则如下。

实验 2　在该实验中您将和**电脑**组成一组，分别扮演两个不同的角色，角色 A 和角色 B。双方一开始都分别获得 10 个初始筹码。在该实验中，您扮演的角色 A 可以选择 0 到 10 个筹码之间的任何一个筹码数额投资给作为角色 B 的电脑，如果您扮演的角色 A 投资了 X 个筹码数额给作为角色 B 的电脑，作为角色 B 的电脑将相应地获得 $3X$ 个筹码的收益，并且随后作为角色 B 的电脑会随机选择 0 到 $3X$ 之间的任何一个筹码数额 Y 返还给作为角色 A 的您。

实验 2 的收益决定规则如下：如果角色 A 的投资额为 X，角色 B 选择返还给角色 A 的数额为 Y，则作为角色 A 的您的收益为 $10-X+Y$，作为角色 B 的电脑的收益为 $10+3X-Y$。

具体实验操作步骤：

在实验 2 中，电脑已经决定了您扮演角色 A，电脑扮演角色 B。您需要：

输入您作为角色 A 时，您愿意投资多少个筹码数额给角色 B。

之后电脑会根据**实验 2 的收益决定规则**来决定您和电脑的收益。

注：您的本次实验收益以及相应的决策信息将在所有实验结束后显示给您，并且该实验收益将以1单位实验筹码兑换成1元的兑换比率兑换成现金支付给您，该实验只进行1轮。

以上实验游戏请务必认真思考后再输入您的决策，一旦输入将无法更改。

实验说明（三）：总共分为2个部分

第一部分：实验问题测试。在实验3开始前您要参与一份问题测试，每道测试题需要您输入一个答案（**输入的是一个具体的经过您计算之后的数字**），测试是为了让您更好地理解实验中您的收益支付的计算，以便您在实验中更好地决策，只有通过测试后您才能参加正式的实验。具体的测试题背景知识内容在下面的第二部分，您将会在阅读完下面的实验细则后对测试题内容有所了解。

第二部分：正式的一个实验任务。通过问题测试后，您将进入正式的实验，在这部分中您将进行实验3，具体实验规则如下：

实验3。在该实验中电脑将随机分配您和其他一位同学组成一组，分别扮演两个不同的角色，角色A和角色B。双方需要对10个初始筹码进行分配。角色A可以选择0到10个筹码之间的任意一个筹码数额分配给角色B，角色B不需要进行决策。

实验3的收益决定规则如下：如果角色A分配给角色B的数额为X，则角色A的收益为$10-X$，角色B的收益为X。

具体实验操作步骤：

一开始电脑并未决定您和同组的同学分别扮演哪个角色。您需要：

1. 输入当您作为角色A时，您愿意分配多少个筹码数额给角色B。

2. 输入当您作为角色B时，您预期作为角色A的同学愿意分配多少个筹码数额给您。如果您的预期与作为角色A的同学的分配额之间的差值小于等于1，您将获得额外的1个筹码的奖励。

之后电脑会随机决定您和同组的同学谁扮演角色 A，谁扮演角色 B，然后根据**实验 3 的收益决定规则**分别决定双方的收益。您在实验 3 中的总收益为该收益规则下获得的收益加上额外从预期中获得的收益。

注：您的本次实验收益以及相应的决策信息将在所有实验结束后显示给您，并且该实验收益将以 1 单位实验筹码兑换成 1 元的兑换比率兑换成现金支付给您，该实验只进行 1 轮。

以上实验游戏请务必认真思考后再输入您的决策，一旦输入将无法更改。

实验说明（四）：总共分为 3 个部分

第一部分：实验问题测试。在实验 4 开始前您要参与一份问题测试，每道测试题需要您输入一个答案（**输入的是一个具体的经过您计算之后的数字**），测试是为了让您更好地理解实验中您的收益支付的计算，以便您在实验中更好地决策，只有通过测试后您才能参加正式的实验。具体的测试题背景知识内容在下面的第二部分，您将会在阅读完下面的实验细则后对测试题内容有所了解。

第二部分：正式的一个实验任务。通过问题测试后，您将进入正式的实验，在这部分中您将进行实验 4，具体实验规则如下。

实验 4　在该实验中电脑将随机分配您和其他一位同学组成一组，分别扮演两个不同的角色，角色 A 和角色 B。双方需要对 10 个初始筹码进行分配。角色 A 可以选择 0 到 10 个筹码之间的任意一个筹码数额分配给角色 B，角色 B 将得到三倍的该筹码数额，角色 B 不需要进行决策。

实验 4 的收益决定规则如下：如果角色 A 分配给角色 B 的数额为 X，则角色 A 的收益为 $10-X$，角色 B 的收益为 $3X$。

具体实验操作步骤：

一开始电脑并未决定您和同组的同学分别扮演哪个角色。您需要：

1. 输入当您作为角色 A 时，您愿意分配多少个筹码数额给角色 B。

2. 输入当您作为角色 B 时，您预期作为角色 A 的同学愿意分配多少个筹码数额给您（请输入乘以 3 倍之前的数额）。如果您的预期与作为角色 A 的同学的分配额之间的差值小于等于 1，您将获得额外的 1 个筹码的奖励。

之后电脑会随机决定您和同组的同学谁扮演角色 A，谁扮演角色 B，然后根据**实验 4 的收益决定规则**分别决定双方的收益。您在实验 4 中的总收益为该收益规则下获得的收益加上额外从预期中获得的收益。

注：您的本次实验收益以及相应的决策信息将在所有实验结束后显示给您，并且该实验收益将以 1 单位实验筹码兑换成 1 元的兑换比率兑换成现金支付给您，该实验只进行 1 轮。

以上实验游戏请务必认真思考后再输入您的决策，一旦输入将无法更改。

第三部分：个人信息问卷调查。最后我们的实验员将发给您一份调查问卷，该调查问卷只供我们的纯学术研究使用，问卷中的个人信息将会完全保密，且别人无法同时知道这些信息和对应的人名。请务必认真思考后填写您的真实信息和想法。

附录三：第 3 章问卷调查

实验情况与反馈问卷

您所抽到的计算机编号为______号

您好！非常感谢您对此次实验的大力支持与配合！

为了配合后续研究，希望您如实填写以下问卷，您的回答将为我们的研究带来很大的帮助。问卷采用匿名的方式，所获得的数据仅供研究之用，不会对您产生任何不利的影响，谢谢！

1. 个人基本信息：

性别：　　　　　年龄：　　　　　籍贯：　　　　省　　市

专业：　　　　　在读学位：

2. 您从小生活在：A. 农村　B. 城市

3. 您是独生子女吗？（是 / 否）若不是，有______个兄弟姐妹。

4. 您是党员吗？（是 / 否）　您是学生干部吗？（是 / 否）

5. 您父亲的受教育程度：A. 小学及以下　B. 初中　C. 高中　D. 大学及以上

6. 您母亲的受教育程度：A. 小学及以下　B. 初中　C. 高中　D. 大学及以上

7. 您的家庭年收入状况：A. 5 万元及以下　B. 5—10 万元　C. 10—15 万元　D. 15—20 万元　E. 20 万元及以上　F. 不清楚

8. 您每月的消费：A. 1000 元以下　B. 1000—1499 元　C. 1500—1999 元　D. 2000 元以上

9. 您是否曾主动捐款？（是 / 否）；若有，次数为______。

10. 您是否曾主动献血？（是 / 否）；若有，次数为______。

11. 您之前是否参加过志愿者活动（如社区义工等）？（是 / 否）

12. 您是否参加过任何形式的兼职？（是 / 否）

13. 您之前是否参加过类似的实验（经济学实验或心理学实验）?（是 / 否）

14. 您认为您在日常生活中的风险偏好类型是______________。（用数字 0~5 表示程度，0 表示非常谨慎，5 表示非常冒险）

15. 您的惯用手是:______（左手 / 右手；若是，左撇子纠正后用右手也请选左手）。

再次感谢您的大力支持与协助！

附录四：第 4 章《知情同意书》

经颅直流电刺激实验知情书

一、本实验被试者的所有资料和实验结果都将严格保密，不会外传；被试个人资料不会出现在最终的研究结果中。

二、本实验采用的是无损伤的经颅直流电刺激仪，对人体健康无任何副作用。

三、本实验所用的材料包括帽子、探测器均采用标准材料，无任何毒副作用；由于个体差异，部分被试可能在实验过程中产生轻微的刺痛感或不适感。

四、本实验环境安静、安全可靠、实验任务简单，不会对被试者的心理和生理产生任何不良影响。

本人已充分了解实验的安全性，自愿参加实验。

被试人（签名）:____________

被试人联系方式:

实验人员（签名）:____________

时间:________年____月____日

附录五：第 4 章阳刺激组和阴刺激组信任与风险的相关性

附表 4.1　阳刺激组信任与风险之间的相关性

		信任	风险	自述
信任	相关系数	—	−0.105	0.018
	p 值	—	0.582	0.924
	贝叶斯因子	—	0.262	0.228
风险	相关系数	−0.105	—	−0.078
	p 值	0.582	—	0.684
	贝叶斯因子	0.262	—	0.246
自述	相关系数	0.018	−0.078	—
	p 值	0.924	0.684	—
	贝叶斯因子	0.228	0.246	—

注：* 代表 $p < 0.05$，** 代表 $p < 0.01$，*** 代表 $p < 0.001$ 显著水平。

附表 4.2　阴刺激组信任与风险之间的相关性

		信任	风险	自述
信任	相关系数	—	−0.060	−0.105
	p 值	—	0.751	0.579
	贝叶斯因子	—	0.238	0.263
风险	相关系数	−0.060	—	0.204
	p 值	0.751	—	0.280
	贝叶斯因子	0.238	—	0.397
自述	相关系数	−0.105	0.204	—
	p 值	0.579	0.280	—
	贝叶斯因子	0.263	0.397	—

注：* 代表 $p < 0.05$，** 代表 $p < 0.01$，*** 代表 $p < 0.001$ 显著水平。

索引

B

C

D

G

H

J

K

L

M

N

P

Q

R

S

T

W

X

狭义信任 17

Y

Z